SOUTHWEST UNIVERSITY FOR NATIONALITIES

西南民族大学
MBA案例集

——战略管理卷

西南民族大学MBA教育中心编

本卷负责人 张明善 李 勇

中国社会科学出版社

图书在版编目（CIP）数据

西南民族大学 MBA 案例集／西南民族大学 MBA 教育中心编．
北京：中国社会科学出版社，2009.10
　ISBN 978 - 7 - 5004 - 8274 - 1

　Ⅰ．西…　Ⅱ．西…　Ⅲ．工商行政管理 - 案例 - 中国
Ⅳ．F203.9

中国版本图书馆 CIP 数据核字（2009）第 186274 号

出版策划　任　明
特邀编辑　赵金孔
责任校对　曲　宁　王兰馨
技术编辑　李　建

出版发行　中国社会科学出版社
社　　址　北京鼓楼西大街甲 158 号　　邮　编　100720
电　　话　010 - 84029450（邮购）
网　　址　http：//www.csspw.cn
经　　销　新华书店
印　　刷　北京奥隆印刷厂　　　　装　订　广增装订厂
版　　次　2009 年 10 月第 1 版　　印　次　2009 年 10 月第 1 次印刷
开　　本　710×1000　1/16
印　　张　74.5　　　　　　　　　插　页　2
字　　数　1202 千字
定　　价　125.00 元（全五卷）

本卷成员 李　勇　徐维德　张明善　杨　刚
　　　　　杨熙纯

前　言

工商管理硕士（master of business administration，简称 MBA）是我国改革开放以后，经济建设快速发展过程中兴起的第一个专业硕士学位。我国 MBA 教育从无到有，从小到大，走过了不平凡的发展历程，取得了令人欣慰的斐然成绩。1991 年由清华大学等 9 所著名高校率先在国内试办 MBA 教育，截至 2008 年，全国已有 127 个 MBA 培养单位，每年招生从 1991 年的不足百人，发展到 2008 年 9 月累计招收 MBA 学生 21.2 万人，其中十万余人获得了 MBA 学位。MBA 教育已经成为我国培养现代化高层次管理人才的重要渠道，为提高我国企业管理水平和促进经济又好又快发展发挥了积极作用。

国务委员、国务院秘书长、全国第四届 MBA 教育指导委员会主任马凯同志在 2008 年 11 月 12 日召开的第四届全国 MBA 教育指导委员会会议上的讲话指出："实现建设全面小康社会的目标，需要一大批掌握经济规律、精通市场规则、熟悉企业实情、恪守职业道德的经济管理人才。要立足国情，紧密联系改革开放的伟大实践，走出一条中国特色 MBA 教育发展道路，为世界管理教育作出贡献。"教育部部长周济同志对我国 MBA 教育也给予了高度评价，提出了更高的殷切期望。

办好 MBA 教育项目是高校实践"培养高层次人才"和"服务社会"的重要表现。作为民族高校，西南民族大学坚决贯彻落实胡锦涛总书记提出的"各民族团结奋斗，共同繁荣发展"这一新世纪新阶段民族工作的主题，根据国家"西部大开发"的战略部署，主动努力承担为西部地区少数民族和民族地区培养高层次人才的社会责任。作为首批民族高校的 MBA 培养单位，西南民族大学 MBA 教育按照国家民族事务委员会和教育部《关于进一步办好民族院校的意见》（民委发〔2005〕240 号）的精神和全国 MBA 教育指导委员会的要求，坚持正确的办学方向，遵循教育规律，逐步形成具有多民族 MBA 的教育特色，为西部地区培养更多的多民族的优秀 MBA 学员。作为新增 MBA 培养单位，我们面临机遇与挑战并存的形势。"西部大开发"关键是人才，我们的机遇是国家对西部开发和少数民族事业的帮扶政策，我们将通过 MBA 教育项目平台承担为少数民族和民族地区培养高层次经营管理人才的社会责任。同时，我们也面临着师资数量和教学经验相对不足等方面的挑战，对此，我们愿意在全国 MBA 教育指导委员会的指导和兄弟院校的帮助下，以尽可能短的时间和采取多种有效措施解决新增 MBA 培养单位面临的主要问题。

MBA 教育是一种职业性的专业学位教育，创新精神和能力的培养是 MBA 教育的灵魂。实践证明，案例教学法是 MBA 培养过程中常用的有效方法。为提高 MBA 培养质量，规范案例教学，西南民族大学 MBA 教育中心根据《工商管理硕士研究生培养过程的若干基本要求》和 MBA 的培养方案，组织和邀请老师编写了《西南民族大学 MBA 案例库》，共包括基础平台、战略管理、市场营销、人力资源管理和金融与财务五个分册。以此作为 MBA 课程案例教学的基本素材，在此基础上开展案例教学和不断提升案例教学的质量。

在案例库的编写过程中，各位老师按照课程和案例名称独立地完成案例素材收集、整理和编写工作。各分册负责人主要承担组织统稿和协调，并尊重各位老师的案例编写工作，对案例的内容未作实质性修改。各分册作者排序按姓氏笔画，排名不分先后。本案例库各分册的内容都参考了案例企业和国内外的一些相关文献，特向所涉及企业和作者表示感谢。中国社会科学出版社对本案例库出版提供了大力支持，责任编辑任明老师给予了很大帮助，并提出了许多宝贵意见，在此表示衷心感谢。由于作者经验和能力所限，书中错误之处在所难免，欢迎读者对本书的不足之处批评指正。

西南民族大学 MBA 教育中心

2009 年 8 月

目　　录

战略管理

竞争战略

战略联盟

集团战略

数据、模型与决策

战略管理

联想的国际化战略

杨熙纯

摘　要　多元化战略失利之后，联想集团进行了战略转型，决定走"专业化、国际化"的发展道路，并分三步实施了国际化战略，即更换标识、赞助奥运、跨国并购。联想作为中国企业国际化的先行者，在国际化征程中的经验与教训对中国其他企业走出国门具有一定的借鉴意义和参考价值。

关键词　联想　国际化　战略

1　公司背景

联想是 1984 年中科院计算所投资 20 万人民币，由柳传志带领 10 名中国计算机科技人员创办的。1989 年北京联想集团公司成立。1990 年首台联想微机投放市场。1994 年联想在香港证券交易所成功上市。自 1996 年起，联想成为中国 PC 市场的领头羊。自 1999 年起，联想成为亚太区最大 PC 厂商。2001 年，联想提出了"高科技的联想、服务的联想、国际化的联想"的战略目标。

2004 年联想集团在并购 IBM PC 以前，总部位于中国北京，在惠州、北京和上海设有 PC 生产基地，拥有庞大的 PC 分销网络，包括约 4400 家零售店，员工总数约为 10000 人，营业额是 29 亿美元，PC 销售量 431 万台。并购 IBM PC 以后的新联想，是一家极富创新性的国际化的科技公司，由联想及 IBM 个人电脑事业部所组成。新联想从事开发、制造并销售最可靠的、安全易用的技术产品。新联想的总部设在美国罗利，在全球 66 个国家拥有分支机构，在 166 个国家开展业务，在全球拥有超过 25000 名员工，年营业额达 146 亿美元，并建立了以中国北京、日本东京和美国罗利三大研发基地为支点的全球研发架构。2008 年，新联想成为首个进入世界 500 强的中国民营企业。

从成立至今，联想的发展战略经历了三个阶段。

（1）从"技工贸"到"贸工技"的战略演变阶段（1984—1999 年）。

在成立之初，联想采取的是"技工贸"的战略，成功研制了联想式汉卡，依靠技术上的先发优势带动市场。由于联想当时的技术与国际巨头相比还很落后，因此，联想后来确定了"贸工技"的战略，通过代理贸易积累资金、市场和管理经验，以便进行技术创新。凭借技术领先的个人电脑产品，联想登上了中国 IT 业的顶峰。

（2）多元化战略阶段（2000—2003 年）。

2000 年以后，国内个人电脑市场增长速度减缓，面对戴尔、惠普等 PC 国际厂商的强力攻击，方正、同方、TCL 等国内品牌的激烈竞争，联想的 PC 业务已触摸到了天花板，上升空间有限。为了突破这一瓶颈，确保股东利润持续增长，联想另辟蹊径，实施"相关多元化"战略，同时进军互联网、手机、IT 三大领域，力求成为一个在多方面都有建树的巨型企业。但联想的多元化最终只是赔本赚吆喝。

（3）国际化战略阶段（2004 年至今）。

面对多元化失利、行业竞争加剧、PC 主业下滑的巨大压力，2004 年初，联想作出战略性调整，提出全面收缩战线，回归主业，走"专业化、国际化"道路的发展战略。

2　案例事件

早在 20 世纪 90 年代初，联想就在为自己的国际化战略作准备。从 1991 年联想德国分公司成立，到 2001 年联想美国分公司成立，联想在国外已经拥有了 7 家分公司、1 家物流中心和 100 多条海外营销渠道。按照国际标准，一家国际化公司总收入的 20% 以上应该来自国外。然而，联想国外分公司的总收入只占联想集团总收入的 3% 左右，而且联想的国外收入主要来自 QDI 主板销售业务，并不是联想的主业 PC 业务。可见，联想当时的国际化程度还很低，离联想的国际化目标"到 2010 年，30% 的收入来自国外"还很遥远。为了推动联想的国际化进程，2003 年，联想雄心勃勃地制定了国际化战略"三部曲"，即更换标识、赞助奥运、跨国并购。

2.1 更换标识

由于联想原英文标识"Legend"在多个国家已经被注册，回购难度很大，导致联想无法在这些国家拓展业务。2003年4月28日，联想正式启动新英文标识"lenovo"，并已在全球范围内注册。此次启用的新英文标识"lenovo"中的"le"取自原英文标识"Legend"，承继"传奇"之意，"novo"则代表"创新"之意。从此，联想在国内将保持使用"英文+中文"的标识；在国外则单独使用英文标识。联想全球品牌新标识的推出，显示出了联想进军国际市场的决心，标志着联想获得了国际化的品牌通行证，迈出了国际化征程的第一步。正如柳传志所讲——"换标，只是联想国际化的必要条件，而非充分条件"。

2.2 赞助奥运

2004年3月26日，联想正式与国际奥委会签约，成为第六期国际奥委会全球合作伙伴（简称"TOP"），为2006年都灵冬季奥运会和2008年北京奥运会独家提供台式电脑、笔记本、服务器、打印机等计算机技术设备以及资金和技术上的支持。TOP伙伴也由此获得在全球范围内使用奥林匹克知识产权、开展市场营销等权利及相关的一整套权益回报。同时，TOP伙伴享有在全球范围内产品、技术、服务类别的排他权利。在入围第六期TOP俱乐部的11家赞助商中，联想是唯一一家中国企业。

在都灵冬奥会和北京奥运会赛事中，联想所提供的所有IT产品都实现了"零故障"运行，获得了国际奥委会的高度评价。一般来说，企业赞助一项赛事，必须投入3—7倍的资金用于传播和推广，才能有效地将赞助效果释放到市场。联想深谙此道，在赞助奥运的同时，采取"以奥运为主线，以特定赛事为补充"的营销方针，制定奥运火炬推广、系列公益传播、全球冠军、全球贵宾接待以及千万客户奥运分享等营销计划，推出产品推广、明星代言、电子竞技大赛、奥运火炬巡展、奥运千县行、奥运科技快车等营销活动，通过广播、电视、网络、平面媒体等多元化的宣传渠道，多位一体地向全世界推广联想品牌。体育营销，已成为联想实现国际品牌战略的核心途径，开拓全球市场的主要助力。联想董事会主席杨元庆在2008年3月接受中外记者采访时表示，国际奥委会TOP赞助计划对于提升联想的品牌知名度，尤其是在中国以外地区的品牌知名度，作用非常大，达到了联想的预期目标。

2.3　跨国并购

2004 年 12 月 8 日，联想在北京正式宣布，以总价 12.5 亿美元收购 IBM 的全球 PC 业务，其中包括台式机业务和笔记本业务。具体而言，联想付出的 12.5 亿美元包括 6.5 亿美元现金，及按 2004 年 12 月交易宣布前最后一个交易日的股票收市价价值 6 亿美元的联想股份。交易完成后，IBM 拥有新联想 18.9% 左右的股权。此外，联想将承担来自 IBM 约 5 亿美元的净负债。同时联想宣布了高层的变更调整，IBM 高级副总裁史蒂芬·沃德将出任联想的新 CEO 及董事会董事，原 CEO 杨元庆则改任联想董事会主席。经过 13 个月的艰苦谈判，经过联想各部门 100 多名员工和国际著名中介即战略顾问麦肯锡、财务顾问高盛、审计所普华永道、人力顾问 TOP、公关顾问奥美的全方位论证，联想终于迈出了国际化的实质性步伐。

2005 年 5 月 1 日，联想正式宣布完成收购 IBM 全球 PC 业务。合并后的新联想以 130 亿美元的年销售额一跃成为全球第三大 PC 制造商。国际化的新联想正式扬帆起航。这宗中国企业"蛇吞象"的海外大型收购案，引发了社会各界相当大的关注和反响。面对公众期待和质疑的目光，柳传志在清华大学举办的首届亚太管理学院联合会年会上详细披露了决定收购的幕后故事。以下是柳传志演讲的主要内容。

2.3.1　利益权衡

据柳传志当时的了解，联想宣布并购 IBM PC 事业部时，对并购不看好的占绝大多数，中国的 IT 界、经济界的朋友对联想的勇气给予了足够的肯定，但是对于结果基本持怀疑态度。

联想不少骨干员工分散在世界各地有名的商学院学习，柳传志问他们，你们的教授怎么看这件事？他们回答，多数都是不看好。柳传志很理解这样的答案，因为在全球并购中成功的也就占 25%—35%，更何况一个来自中国这样的第三世界国家的企业去并购代表美国精神的 IBM。

柳传志又问这些员工，你们参加 MBA 的班上，教授们谈他们不看好的理由是什么？听了很多答案之后，柳传志就放心多了，基本上他们所有的担心都没有超过当初联想思考的范围。柳传志表示："我们做这个事情绝不是为让世界轰动。这个企业是我们的命，我们要靠它吃饭，所以会把很多问题想得清楚又清楚。"

第一个问题就是 IBM 为什么要出卖这块业务。

20 世纪 80 年代以前，IBM 是个软硬件全都自己设计和制造的企业。到了 90 年代，开始调整战略，逐渐想把自己变成一个软件、服务型企业。因此 IBM 连续出售了他们的生产制造部门，包括大容量硬盘、打印机等几大块业务。

1984 年柳传志开始办企业的时候，IBM 的营业额就是 800 多亿美元，到并购时 IBM 的营业额是 900 多亿美元，但是 IBM 的毛利润率、净利润率都有了非常大的提高，这就是 IBM 在 20 世纪 90 年代初改革的结果。而 IBM 卖出的几部分硬件业务，之后的业绩也都很好，真正实现了双赢。因此这次出售 PC 业务，是 IBM 原定战略的继续。

第二个问题是为什么 IBM 本身亏损的 PC 业务卖到联想这里就可以赢利。

尽管是亏损，但是 IBM PC 业务的毛利实际是相当高的，达到 24%，联想本身毛利才是 14%。但是，联想在 14% 的毛利之中实现了 5% 的净利，而 IBM 24% 的毛利却是亏损。原因非常简单，就是 IBM PC 部门的费用成本太高，而有些费用是 IBM PC 部分因为处在 IBM 整个体系中所无法避免的。

比如说 IBM 总部的摊销。IBM 总部要花钱，按照各个事业部的营业额大小摊销，IBM PC 部分营业额有 100 多亿美元，占了 IBM 全部营业额的 1/9 左右。于是就按 1/9 做摊销。PC 部分的毛利 24% 比其他同行要高，但是和 IBM 其他的诸如软件服务等事业部来比就低很多，禁不住大幅度的费用摊销。

联想认为，制造业本身就是一个毛巾拧水的行业，钱要一点一滴地通过管理挤出来。而 IBM 公司提倡的是高投入、高产出。在调查的时候，联想就发现 IBM PC 从生产、研发到服务每个环节都有大幅度降低成本的可能。另外，采购也会产生巨大效益。

把这几项综合起来，联想认为，双方合作以后，仅仅从节流角度讲就会产生大幅的效益。所以从长远来看，收购 IBM PC 不是亏损不亏损的问题，而是赢利规模多大的问题。

当时柳传志在决定做不做这件事的时候，再三要求联想的顾问和管理班子一定要保守再保守，评估的每个数字绝不可以有任何浮夸。从并购后几个月的业绩看来，他们的估计是过于保守了。

2.3.2　风险规避

除了并购的好处，联想最关心的还是并购以后的风险。

第一个风险是市场风险，新公司成立后原来的客户是否承认你的产品，以前买 IBM 产品的客户是否会流失？

联想采取了下面这些措施。一是产品品牌不变，按照协议，并购五年之内 IBM 的品牌归联想使用，ThinkPad 这个品牌永远归联想使用。二是跟客户打交道的业务人员不变化。三是联想专门把总部设在纽约，说明这是一间真正的国际公司。本来联想是考虑设两个总部，一个在美国，一个在中国，后来考虑市场反应，就只在纽约设一个总部。收购之后，新联想派出 2000 多名销售人员做市场工作，IBM 也调动了一些人和这 2000 人一起做大客户工作。事实证明这个措施是有力的，把风险控制住了。

第二个风险是员工流失的风险。现在看来，IBM PC 的员工几乎没有流失。主要原因是联想做了两方面的工作。一是对 IBM 的高层骨干员工讲述新公司的愿景。原来 IBM PC 部门并不占主导地位，公司的战略是控制发展，所以骨干员工的能力得不到充分的发展。而这间新公司主要做的就是 PC，他们的能力有一个充分的发展空间。另外新联想的文化将完全是一个国际企业的文化，而不是一个他们认为的固执的中国公司，这家公司会让高层骨干员工感到非常愉快。二是人员待遇不变，而且部分高层骨干还比原来的待遇有大幅度增长。这项措施实施之后，使得军心安定。

第三个风险也是最大的风险，就是业务怎么整合，人员、文化怎么磨合。商学院的老师给他们的学生讲课的时候谈到这个案例时更多的担心都在这方面。

联想是怎么考虑的呢？第一，当柳传志作为联想集团董事局的主席真正下决心批准方案向前推进的时候，主要是了解了这个基本情况以后才做的。就是在调查和谈判深入之后，发现双方的工作语言是共同的，管理模式基本上是一个层次。IBM 做的事联想全懂，联想做的事 IBM 也全懂，这就给联想奠定了业务整合的基础。如果联想之前没有经过 ERP 的业务整合，没有一系列重大的改革措施，还是一个比较老旧的企业，那不管联想怎么努力双方是没法磨合的。

第二，双方的业务是互补的，这减少了碰撞的机会。这点非常重要，大家知道 HP 和康柏整合，非常大的困难是双方有冲突的业务如何协调。

两家原本都在欧洲市场做，合并之后欧洲原有市场人员马上要裁一半，如何进行，是个很大的麻烦。但这个问题在联想和 IBM 就不存在。IBM PC 部门的发展受到总部的战略限制，总部的战略是发展软件和服务业，要 PC 为这个战略服务，因此它的 PC 只卖给大客户。这跟联想的发展战略正好是互补的，联想在中国消费类市场绝对占第一位。IBM 的主要客户在欧美，联想的主要客户在中国，从这个角度讲是互补的。另外 IBM 最擅长的是高档笔记本，联想最擅长的是台式机。这样总地看来，双方从业务关系上也是互补居多。

第三，联想以前的 CEO 杨元庆，在合并以后，将要担当主席，由 IBM 原有人员选拔一名做 CEO。习惯了做 CEO 的杨元庆是否习惯做主席是联想要考虑的问题之一。杨元庆有很多优点，做事情的感觉非常好，但人比较固执，他能否和新 CEO 进行很好的配合？现在两个人配合得非常好。两个人提出三个词作为合作的指导思想：坦诚，尊重，妥协。双方都有各自的习惯，坦诚地亮出各自的观点，总要有一方妥协。头几个月妥协起了非常好的作用，如果一开始大家产生碰撞，别人就会认为不是工作上的碰撞，而是中国人和美国人的碰撞，这样就会引起队伍分化。

具体来讲，联想的并购战略分三阶段实施。并购后的第一年为第一阶段，即"稳定阶段"，主要是稳定员工和客户；2005 年年底进入第二阶段，即"变革阶段"，主要通过结构重组、分批裁员等手段大幅度降低成本；从 2007 年年初进入第三阶段，即"拓展阶段"，主要是提高供应链效率，持续创新，提升 Think 商用电脑业务，在全球推广消费电脑品牌 I-dea，加速拓展海外市场。

在联想集团 2006—2007 财年（联想的财年自 4 月 1 日至次年的 3 月 31 日）第四季度及全年业务发布会上，联想董事局主席杨元庆告诉《第一财经日报》：联想并购 IBM PC 已经宣告成功。联想的财报显示，原 IBM PC 业务已经全部实现赢利。2007—2008 财年，联想持续经营业务（不包括手机业务）的综合销售额较上年同期上升 17% 至 164 亿美元。个人电脑销量年比增加 22%，高于预计市场平均 16% 的增速。集团毛利率由上年的 13.5% 提升至 15.0%。杨元庆表示，回顾并购后的 3 年，联想成功实现了并购前设定的财务目标。

但受全球经济低迷的影响，加上自身的战略执行不够到位，联想

2008—2009 财年第二季度销售额为 43 亿美元，毛利率从上年同期的 15.1% 下降到 12.6%，全球个人电脑销量增长 7.4%，逊于市场增长，其中，美洲区和亚太区（不包括大中华）的个人电脑销量都下跌了。第三季度，联想持续经营业务的综合销售额年比下降 20% 至 35.9 亿美元，毛利率年比减少 48% 至 9.8%，全球个人电脑销量年比下降 5%。这主要由于全球商用个人电脑（特别是高端个人电脑）销量持续减少，以及中国个人电脑市场销量下降 7% 所致。同时，联想宣布管理层调整，柳传志重新担任公司董事局主席，杨元庆重新担任公司的 CEO，以加强公司实现长期战略的能力。

走在国际化道路上的联想，能否成为令国人骄傲的全球 PC 企业？我们拭目以待。

3　社会反响

3.1　更换标识的社会反响

为期半年的联想新标识推广活动成效显著，联想品牌在公众当中的曝光度较上年同期增加了 20% 左右。消费者调查显示：对联想新标识了解度为 83%，对新标识认同度为 91%，未来有购买意向的为 62%。

3.2　赞助奥运的社会反响

自 2004 年 3 月 26 日开始的一周时间里，包括《人民日报》、《光明日报》、《科技日报》、《北京晚报》、《北京青年报》、《文汇报》、《南方日报》等在内的 15 家全国最具影响力的媒体都对"联想签约奥运"进行了头版报道。截至 6 月底，全国主要媒体累计报道达 800 多篇次，其中深度报道达 100 多篇次，报道的深度和广度都达到了预期。联想签约国际奥委会入选新华社评选的 2004 年度中国十大体育新闻，并得到了政府部门的积极鼓励和首肯。

数据调查显示，联想通过系列的奥运营销，在中国知名度从 62% 提高到 68%，美誉度从 53% 提高到 62%。而在都灵冬奥会之后，国际奥委会的调查显示，联想主要参与的美洲、欧洲和亚洲的十多个国家，联想品牌的知名度提升了 18 个百分点。

3.3　跨国并购的社会反响

自 2004 年 12 月 8 日开始的一周时间里，包括《人民日报》、《光明日报》、《科技日报》、《北京晚报》、《北京青年报》、《文汇报》、《南方日报》等在内的 15 家全国最具影响力的媒体都对联想收购 IBM PC 事件进行了头版报道。

截至 2005 年 9 月中旬，在全国范围内共收集到平面媒体的相关报道 5000 余篇，SINA、SOHU 等网络媒体纷纷转载，并推出网络专题予以追踪报道，迄今为止，媒体对这一事件的关注仍没有停止。[1]

中国的联想收购了在西方社会最负盛名的科技巨擘 IBM 的 PC 业务后，令世界震惊，国人自豪。华尔街的观察家指出此举极具代表性，它象征着科技制造业再次向亚洲转移。由于劳动价格较低，大量在全球市场上销售的科技产品都出自亚洲国家。这些产品包括了计算机、手机及数码相机等产品。英国《金融时报》评论说，这是中国技术公司最大的一笔海外收购，也可能是中国并购市场一个新时代的开端。此次并购行动的意义还在于，在以 IT 技术为骨架的信息时代，在知识经济浪潮汹涌的 21 世纪，中国有了自己拿得出手的"IT 企业作品"。尽管这个"作品"是通过资本运作得到的，但正如美国研究中国问题的商业顾问唐纳德·斯特拉斯茨海默所认为的，这项交易"象征着中国经济的成熟，要是在两三年前就不会发生"。《纽约时报》评论说："这个交易反映出的不仅仅是这两家公司的勃勃雄心，同时也反映出了两个国家的勃勃雄心。"[2]

在收购之初，业界普遍看淡，戴尔、惠普和东芝都对并购表示不乐观，戴尔甚至认为，联想的收购恐怕是失败的收购。而台湾明基集团全球副总裁洪宜幸却认为，联想太赚了。国内同行们的反应则是沉默，也许他们也感受到了联想带给他们的市场压力。

与业内人士的反应不同，许多国内消费者对联想并购案给予了赞赏，在论坛和 BBS 上有许多网友评论，认为联想将实现众多中国企业的梦想，最终蜕变为一家真正的跨国公司。但投资者的反应却不容乐观，据了解，并购复盘的首日交易，联想股票报收于 2.575 港元，跌 0.1 港元，跌幅 3.738%。

4 作者观点

走出国门，是许多有志向和远见的中国企业的梦想。随着产业全球化的日益加深，中国企业进入国际市场成为历史必然。目前，中国企业的国际化道路凸显出两条路径：一是"中国制造"之路，即以 OEM 等形式为国外企业代工生产制造，没有自己的品牌，如众多台湾 IT 企业；二是"中国创造"之路，形成自有品牌。由中国制造到中国创造的转变，一直是中央制定的一项基本战略。这不仅有利于增加企业的利润，也有助于提高我国的国际声誉。

实现"中国创造"主要有两种方式，一是"内部成长"方式，即自己投资新建海外企业，如海尔、华为等企业；二是"跨国并购"方式，如联想、TCL 等企业。"内部成长"方式所需投资大且耗时较长，而"跨国并购"方式的风险较大，但成效快。决心国际化的联想经过多次论证，得出结论：在强手如林的欧美市场，仅靠一己之力树立自己的品牌，所耗成本极高，所需时间太长，自建销售渠道也相当困难。通过收购强势品牌无疑是一条走国际化道路的捷径。面对个人电脑鼻祖 IBM 的"暗送秋波"，联想最终选择了并购 IBM PC 业务。

联想并购 IBM PC 业务可谓是实现了"双赢"，联想与 IBM 将会携手攻略世界 PC 市场。

联想因此获得了以下好处：

（1）获得了进入国际市场的通行证。借 IBM 这一国际知名品牌打开了联想垂涎已久的国际市场，迅速提升了其国际地位和形象。

（2）拥有了世界著名品牌，尤其是享誉全球的 Think 系列品牌，使联想获得了宝贵的大型企业客户资源。

（3）获得了全球分销网络，使联想越过国际市场进入障碍，加快国际化扩张步伐。

（4）搭建起全球采购架构，提高了在零配件市场的购买力，加大了与微软、英特尔等厂商谈判的筹码，有利于成本的进一步降低。

（5）拥有了世界级先进技术和研发中心。尤其是笔记本电脑方面的专利技术和研发团队，使联想的技术创新能力实现了质的飞跃。

（6）获得了国际管理资源，包括国际管理框架、模式、经验和全球一流的管理团队。

（7）拥有了一支强有力的战略合作伙伴，IBM 将在高端服务器和软件系统上给予联想帮助，而联想将成为 IBM 首选的个人电脑供应商。

（8）得到了中国政府、银行在政策、资金等方面的大力支持。

IBM 因此获得了以下好处：

（1）甩掉了一个不赚钱的包袱，从而得到了 12.5 亿美元的收益。

（2）得到了一个卖力的战略合作伙伴，联想在采购中将会优先考虑 IBM 提供的产品。

（3）拉近了与中国政府的关系，有助于今后在中国市场拓展业务。

（4）博得了中国人民的好感，为全面进军中国市场奠定了基础。

当然，联想在国际舞台上还会面临诸多挑战。如品牌建设、价格竞争、国际化人才缺乏以及企业融合等问题，都是联想未来必须攻克的难题。

联想初见成效的国际化之旅，鼓舞了振翅欲飞的中国企业的士气，带给他们太多的思索。通过并购进入国际市场虽然是一种较为普遍的做法，但值得重视的是：并购是一把双刃剑，并购成功的中国企业案例少之又少，并购失败的企业案例却不胜枚举，如 TCL、明基等。著名的并购七七定律也谈道：70% 的并购没有实现期望的商业价值，其中 70% 的并购失败于并购后的文化整合。因此，联想的国际化路径并非所有企业都能复制。联想，作为中国企业国际化的先行者，从其并购案中可以看出：要想在并购中取胜，对自身实力、战略目标、并购动机、并购对象、并购时机、并购方式和并购风险的确定是至关重要的，尤其是并购后战略、制度、品牌、业务、组织人事、文化等方面的整合工作更要全面细致地考虑，当然求助国际一流的咨询机构也不失为一种明智之举。

无论联想的国际化战略是否成功，对中国企业来说都具有里程碑的意义，也是中国经济强盛的一个标志。希望承载着国人梦想的联想能成为中国企业全球化的一个成功典范。

思考与讨论

1. 在国际化征程中，联想集团未来会面临哪些挑战？应如何应对？

2. 联想集团的国际化战略带给中国企业什么启示？

3. 企业在并购中需要注意哪些问题？并购风险应如何规避？

4. 中国企业实现国际化的方式有哪些？企业应如何选择正确的国际化方式？

5. 企业领军人在企业的国际化发展中能起到什么样的作用？

参考文献

［1］蓝色光标公共关系机构：《让世界一起联想　联想品牌国际化品牌管理案例》，《国际公关》2006 年第 2 期。

［2］李政：《带给中国的联想》，《中关村》2005 年第 1 期。

TCL 的国际化战略[*]

李 勇

摘 要 TCL 把品牌作为提高其国际竞争力的重要战略举措之一。为实现 TCL 品牌在全球各区域市场的本土化发展战略，TCL 大胆采用收购方式实现多品牌战略，通过资本运营等方式收购了几个在世界上知名的国际品牌，利用他们已有的销售渠道、生产设备和人员将其品牌产品打入当地市场，从而缩短了 TCL 在当地市场的进入时间。但 TCL 的国际化路程并不顺利，甚至是充满荆棘。随着金融危机的到来，TCL 并未在国际化道路上退缩，而是调整了战略步伐，在危机中保持增长。

关键词 TCL 国际化 战略

1 公司背景

TCL 集团成立于 20 世纪 80 年代初期，它的前身为原广东省惠阳地区电子工业公司与港商合资成立的"TTK 家庭电器有限公司"。1985 年，TCL 人抓住通信行业市场发展机会，进军电话机领域，成立了"TCL 通讯设备有限公司"。1986 年推出第一部免提式按键电话 TCLHA868（3）型电话机，凭借过硬的产品质量独步市场，带来了 TCL 第一次事业腾飞，并且树立了 TCL 的品牌地位和口碑。

进入 20 世纪 90 年代，TCL 抓住国内彩电行业相对饱和，但大屏幕彩电需求在迅速扩大的市场机会，集中有限资源从大屏幕彩电切入彩电业。1992 年，TCL 研制生产出 TCL 王牌大屏幕彩电并成功投放市场。TCL 扬长避短，先做市场和产品开发，以品牌和产品技术创新拉动市场，再利用

---

* 本案例由作者根据多方面资料整理而成。

外资企业做生产制造，成功实践了"先占市场，再建工厂"的商业模式，获得高速成长。也正是因为一开始就对产品销售能力的重视，TCL 王牌彩电的性价比、质量和服务这三个优势充分迎合了当时国内市场的需求，市场占有率不断攀升，短短三年，TCL 王牌彩电跻身国内三强。与此同时，TCL 不断开拓，业务领域扩展到电脑、空调、洗衣机、电冰箱、小家电、照明电器等，并且很快在这些领域跻身全国同行业的前列。

1999 年，公司开始了国际化经营的探索，在新兴市场开拓推广自主品牌，在欧美市场并购成熟品牌，成为中国企业国际化进程中的领头羊。目前，TCL 集团旗下主力产业在中国、美国、法国、新加坡等国家设有研发总部和十几个研发分部。在中国、波兰、墨西哥、泰国、越南等国家拥有近 20 个制造加工基地，5 万多名员工遍布亚洲、美洲、欧洲、大洋洲等多个国家和地区。在全球 40 多个国家和地区设有销售机构，销售旗下 TCL、Thomson、RCA 等品牌彩电及 TCL、Alcatel 品牌手机。2007 年 TCL 在全球各地销售超过 1501 万台彩电，1190 万部手机，全球营业收入 390.63 亿元人民币。海外营业收入超过中国本土市场营业收入，成为真正意义上的跨国公司。

2 国际化战略提升全球竞争力

1999 年，TCL 彩电首次在越南成立了分公司，并实现在当地生产和自建营销渠道，迈出了本土化的第一步。经过五年的时间，目前 TCL 品牌在越南的知名度已逐步提高，彩电的市场占有率已近 20%，仅次于三星和 LG，位居第三。TCL 取道越南进入国际市场，应该说是一种理性的决策。在地理上越南与中国毗邻，从文化层面来说，它与中国均属于"大儒家文化圈"。在经济发展水平上，二者也有相似之处，消费者比较容易接受我们的产品和宣传。也就是说，这是一个相对比较好开发的市场。越南作为一个比较小的市场，即使开发不成功也不至于对企业造成大的伤害。因此，TCL 选择越南，有选择一块试验田的意思。令人欣慰的是，这个市场的开发获得了极大成功，创业元老易春雨先生也因此而被擢升为 TCL 海外事业部老总。

随后，TCL 彩电在印度、印尼设立了彩电制造基地，并扩大在当地及东南亚地区的销售。同时还在菲律宾、印尼、新加坡、印度、俄罗斯、墨西哥、泰国等地建立分公司。TCL 海外各分公司在 TCL 自有品牌推广及市场开拓上也取得了骄人业绩，在越南、菲律宾、印尼、南非等国市场占有率均超过 10%，TCL 成为当地最受尊敬的国际品牌之一。由此可以看出，TCL 国际化战略的起点被放在了东南亚国家的市场，而这明显与其他中国企业的国际化思路不同。但是从第三世界国家入手，虽然前期开发相对要容易一些，可问题是，这类市场一般开发潜力不大，对企业形不成大的支持。另外，这类国家在国际上不具有号召力和领先性，对其他国家"榜样的作用"也不大。发达国家不同，前期进入难度比较大，短期内很难见到效果，建立强势品牌形象更是难乎其难；但是，一旦这样的市场开发成功，会极大地影响其他市场的开发，对在全球范围内建立品牌形象都具有良好的带动作用。

3 国际化模式的选择

一般而言，中国企业的国际化是以三种方式进行的，这三种方式代表了中国企业国际化的三个层次。第一种方式是出口贸易，就是产品在中国生产，以贸易的方式出口到外国。这是国际化最基本的形式，也是最初级形式，一个国家从"国内型市场"向"国际型市场"转型之初往往采取这种形式。目前，国内企业的国际化大部分是以这种方式进行的，比如长虹向美国出口彩电等。第二种方式是 OEM，俗称"代工"，就是外国企业选定产品与机型，委托中国企业生产，然后由他们自己出口销售。以这种方式实施国际化也是目前中国企业的一种普遍现象。其好处是业务关系简单，中方企业只负责生产，不负责销售，没有那么多麻烦，但挣的是辛苦钱。现在，许多洋品牌把普通彩电的生产交由中国企业来完成，这从一个侧面反映出中国企业的制造能力已经得到外国企业的广泛认可。但是，OEM 仍然被认为是国际化的低级形式，赢利不多是一个方面，使用别人的品牌销售，从长远看，不利于中国品牌走向国际市场。

中国企业国际化的第三种境界，也是目前国际化的最高级形式，是"在外国生产，在外国销售"，生产和销售同时实现本土化，换言之，就是要把中国企业办成当地的企业。三星曾经呼吁中国人不要把他们在中国的企业看成是韩国的企业，而是要当成中国的企业来对待。目前，这种直接在海外设厂生产、销售的企业还不多，但是，中国企业下一步要朝这个方向去努力。事实上，随着欧盟、美国对中国彩电反倾销的实施，这种形式已经显得越来越迫切了。已经有越来越多的中国彩电企业表示，准备在美国或者墨西哥设厂。

在外国直接设厂生产、销售，这个思路应该是没有问题的。但是，真正要付诸实施却不那么容易，主要是赢利能力普遍偏低的中国企业难以承受投资设厂需要的大笔资金。因而，并购重组不失为最可行的方式。

2002 年 7 月 19 日，李东生在北京向新闻界诠释 TCL 集团的整体战略目标："创建具有国际竞争力的世界级企业，2010 年前销售收入突破 1500 亿元，以中国为背景拥有全球性分销渠道，拥有全球知名度与信誉度的品牌，拥有全球一流的科技与管理人才。在产品研发力、制造力和供应链管理能力、品牌和市场销售能力方面建立全球优势。"从此，TCL 把品牌作为提高其国际竞争力的重要战略举措之一。

为实现 TCL 品牌在全球各区域市场的本土化发展战略，TCL 大胆采用收购方式实现多品牌战略，通过资本运营等方式收购了几个在世界上知名的国际品牌，利用他们已有的销售渠道、生产设备和人员将其品牌产品打入当地市场，从而缩短了 TCL 在当地市场的进入时间。

2002 年 9 月，当施耐德出现在 TCL 面前的时候，TCL 迅速出手，仅以 820 万欧元就收购了这家在德国、英国和西班牙三个欧洲大国具有一定影响力的企业。其目的是想通过收购施耐德以绕开欧盟的贸易壁垒，同时还有一个重要的战略意图：通过施耐德进入欧盟这个成熟市场，真正地与国际大企业过招，有助于 TCL 提升国际竞争力，提高 TCL 的国际管理能力。TCL 在收购施耐德后，仍然使用施耐德这个牌子，实现品牌的本土化，从而迅速进入欧洲市场。经过一年的努力，新施耐德消化了有关存货，针对欧盟市场开发了全系列 TV、AV 产品线，并由中德两国富有国际经营管理经验的人员组建了高、中层管理团队。在 2003 年八九月间的欧洲国际电子展上，新施耐德不但全面恢复了原施耐德品牌产品重要的客户关系，而且带动了 TCL 品牌产品的海外业务，获得 3000 万欧元的产品订单。

2003 年 5 月，TCL 一方面通过收购既是渠道商义是彩电、DVD 品牌的美国 GO-VIDEO 公司，架构真正属于自己在美国的销售渠道；一方面通过飞利浦合作向美国实施出口。这一年，TCL 向美国出口彩电达到 150 万台。同年 11 月，TCL 做出了具有历史意义的举动：TCL 与世界 500 强之一的法国汤姆逊在广州签署协议，双方合并彩电和 DVD 的资产及业务，成立名为"TCL-Thomson"的合资公司，其中 TCL 控股 67%，汤姆逊控股 33%。合资公司拥有了高端彩电技术研发、核心零部件制造、整机制造成本、在不同市场的品牌号召力和销售网络等方面的优势。TCL-Thomson 合资电子公司将采取多品牌策略进入市场，在亚洲及新兴市场以 TCL 品牌为主，在欧洲以 THOMSON 品牌为主，在北美以 RCA 品牌为主，并视不同的市场需求推广双方拥有的其他品牌。

2004 年 8 月，TCL 与阿尔卡特合资成立从事手机及相关产品和服务的研发、生产和销售的合资公司。2005 年 5 月 17 日，香港上市的 TCL 通讯发布公告，正式宣布 TCL 将以换股的形式，收购阿尔卡特持有的合资公司（以下简称 TA）45% 的股份。TCL 欲采用彩电业务相同的战略方式实施移动通信领域的全球多品牌战略。

4　打造国际竞争力，任重道远

完成全球化布局并不意味着 TCL 就能够成为一个世界一流的跨国企业，由于国际化整合的困难以及遭遇全球彩电市场重大产业转型，2004 年的国际并购给 TCL 带来了非常大的压力和挑战，集团连续两年出现亏损。

对于收购施耐德，李东生曾这样评价："它将会带我们进欧洲的通信、信息等领域，这比我们重新在那儿推广自己的品牌来得快。这次是全资收购，操作起来会比较便利。"但是想象中的东西与现实存在着巨大的差距。施耐德生产线迄今一直处于严重的亏损状态。最为一针见血的批评，当属德国著名的《经济周刊》总编辑、经济学家巴龙先生 2002 年对 TCL 收购德国施耐德的评论：若要借施耐德进入德国市场，TCL 还不如用自有品牌。因为施耐德在德国的社会形象是一个保守的、不断破产转卖的私人企业，产品还不如 TCL 先进。现在德国电视机很便宜，市场已经饱和，如果再买只能买高精尖产品，但德国人知道，施耐德生产不了高精尖产品，如果把 TCL 的超薄高精尖电视机贴上施耐德的品牌到德国去卖，德国人不可能接受。这种真挚的声音部分传进了 TCL 决策者的耳朵：施耐德品牌作为一个欧洲市场的没落二线品牌，不论资产规模、品牌影响力还是渠道架构，都支撑不起 TCL 集团的梦想。运作一段时间后，TCL 只能望洋兴叹：欧盟市场近在咫尺，却不理睬 TCL 的施耐德彩电！面对这样的尴尬，李东生对媒体承认，收购德国施耐德是失败的。

而对于收购汤姆逊，波士顿咨询公司曾经对此作了可行性报告。可是咨询报告描绘的前景并不乐观，风险偏大，李东生夜不能寐。汤姆逊在欧美及其他国家的多家彩电工厂和庞大营销网络也给 TCL 的国际化发展铺下了一条前景光明的路。同时汤姆逊 2003 年在欧洲和北美高达 17 亿美元的亏损也给李东生无形的压力。最终还是做大的愿望取代了一切。李东生毅然决然："国外正在赢利的公司当然不会卖给我们。机会出现时我们一定要抓住，如果坐等国际化成功经验，我们还有机会再去收购汤姆逊吗？这是中国企业实现国际化使命的必经之路。"可是，随着一些并购细节的透露，却显示出相反的信息。在汤姆逊彩电业务的整合中，TCL 最渴望的完整销售渠道与高端彩电的生产技术并未获得，同时汤姆逊的专利和品牌，只可以无偿使用两年，两年之后，合资企业就要付费。市场不相信眼泪。一些过时的技术并没有获得市场的青睐。2004 年，杰克·韦尔奇来中国内地巡讲。李东生获得了与他对话的机会。他怀着极大的热情，借机问韦尔奇，怎么评价 TCL 收购汤姆逊彩电，以及对整合工作有什么建议。杰克·韦尔奇坦率地说，14 年前他就对整合汤姆逊彩电没有办法，因此才卖掉。现在那个公司又被转手好多回，说明好多人都没办法，他也依然想不出什么办法。

在 2004 年继收购汤姆逊以后，李东生却又拍板收购了阿尔卡特手机。这桩看似完美的婚姻实际上乏善可陈，TCL 并没拿到 3G 技术，因为阿尔卡特的 3G 技术基本掌握在另一家合资公司富士通阿尔卡特手里。阿尔卡特手机经营造成的亏损更大。2004 年 10 月，TCL 通讯控股收购阿尔卡特手机业务后，一直没有一个准确定位，几近裹足不前。在收购阿尔卡特后，TCL 手机员工的不满情绪开始膨胀，由于融合进度缓慢，合资公司的销售情况不见增长，TCL 不仅要填补阿尔卡特手机业务每月几千万人民币的亏损，而且 TCL 移动的员工开始普遍降薪。TCL 移动的营销及研发人员开始流失。2004 年年底，始作俑者万明坚也不得不辞职。

因为 T&A 亏损太大，TCL 集团与阿尔卡特重回谈判桌，达成两个意向：一方面，通过注资输血的方式来推动进一步发展，以达到开拓手机业务海外市场的目的；另一方面，有利于公司无障碍地推行控制成本的各项措施。根据 TCL 集团披露的重整协议，TCL 将回购对方所持有的双方合资公司 T&A 的股权。协议约定，TCL 集团将认购 TCL 通讯科技发行的

2000 万欧元、年利率为 3% 的可换股票；TCL 通讯科技收购阿尔卡特的全资子公司 AP 持有的 T&A45% 的股权，TCL 通讯科技将发行原有股本的 5% 的新股支付给 AP 公司。通过这样的换股方式完成收购后，TCL 通讯科技持有 T&A100% 的股权。另外，AP 公司将向 TCL 通讯科技支付 2000 万欧元现金。

5　TCL 再出发

在"走出去"实施国际化战略过程中，TCL 因收购汤姆逊和阿尔卡特而造成巨亏，但这没有阻碍 TCL 的国际化步伐。2007 年度，TCL 集团实现净利润 3.96 亿元，实现了国际化经营三年来的首次赢利。TCL 多媒体在中国、新兴市场、欧洲和北美的产业布局和渠道架构基本形成；欧洲业务采用了"无边界集中"的创新运营模式并已实现经营性赢利；北美、新兴市场业务继续保持稳步发展；中国业务继续保持国内领先。全球化的业务架构使得 TCL 有能力在视听产品领域和全球领先企业竞争。TCL 通讯海外手机销量已经连续两年超过 1000 万部并且赢利，产品畅销欧洲、拉美市场，正在开发北美市场；TCL 通讯的海外市场基础和全球产业布局也日趋完善。空调产品的海外业务持续成长，支撑整体业务扭亏和健康发展。2007 年的成功扭亏标志着 TCL 已经从前三年被动地适应国际化带来的冲击和挑战的阶段，进入到一个主动地谋划 TCL 国际化未来发展的目标和任务的新阶段。

其次，TCL 在核心技术开发和产品工业设计方面取得重要突破。TCL 自主研发的动态背光、自然光两项液晶电视核心技术及近百项相关技术获得国家专利，并已申请国际专利。TCL 液晶电视连续获得美国艾美大奖、德国 RedDot（红点）大奖、亚洲设计大奖和中国科技创新大奖等国内外技术评选大奖。手机方面，TCL 开发的 U7 系列一板多机内置天线等公共平台应用技术，提高了 TCL 手机的自主研发水平。过去 3 年，集团年均研发投入 19 亿元，3 年共申请专利 919 项，是集团成立以来申请专利最多的时期。整体来看，以 TCL 工业研究院为核心的关键技术研发平台和专利管理体制已经初步成形。今年，在全球瞩目的美国拉斯维加斯国际消费电子产品展览会（CES）现场，三星、索尼、TCL 等著名品牌入选全球电视机行业 20 强。同时，TCL 的 3D 电视和 CBHD（蓝光高清播放器）技术，闪耀国际消费电子产品展。

再次，TCL 优化了资产结构，提升了企业运作效率。国际化经营 3 年来，面对连续几年的经营亏损，TCL 在不断扭转企业经营被动局面的同时，始终保持了业务和资金的正常运作，不断改善资产质量和提高运作效率。2006 年，TCL 在重大亏损的情况下偿还了 21.82 亿元的银行债务，掌握了 11.35 亿元的经营性现金流。2007 年年底，TCL 实施了集团产业重组，建立了多媒体、通信、家电、核心部品（模组、芯片、显示器件、能源等）四个产业集团，以及金融、房地产及投资和物流及服务两个第三产业业务群，这种"4 + 2"的业务架构重组，优化了资源配置，使集团业务架构更为清晰。

6　放眼未来

面对眼下的金融危机，李东生表示，TCL 的基本国际战略是没有调整的。TCL 在 2009 年美国市场、欧洲市场销售还是略有上升的。因为该公司在国际市场份额占的总量还是较小，所以在整个市场下滑的情况下还是有上升的可能。为了应对金融危机，TCL 将提高管理效率和减少管理成本，并在一些新产品技术的开发方面能有所突破。除此之外，因为金融危机影响最大最直接的是整个市场的资本流动性减少。现在无论是国内还是国外，融资都非常困难。所以在这种情况下，保持一个健康的现金流对企业来讲是非常重要的。

从 2008 年 11 月至今，TCL 在各大市场采取了大规模的降价措施，似乎力图减低利润来保持 TCL 市场的增长。资料显示，TCL 集团液晶电视销量在全球需求放缓的大环境下继续放量增长。2009 年 1 月 14 日，TCL 集团发布 2008 年 12 月销售数据，公告显示，公司当月销售液晶电视599480 台，同比增长 203.5%，受金融风暴影响相对较小；1—12 月全球液晶电视销量累计突破 400 万台，达到 4184183 台，同比增长 233.2%，业绩喜人。手机产品尽管受金融风暴影响，销量增长有所放缓，但当月全球销量仍达到 911176 台；全年累计销售手机接近 1400 万台，同比增长15.3%。家电产业方面，受惠于新年经销商全面备货，出货量较上月有明显增长。TCL 集团负责人表示，在金融危机的影响下，2008 年公司主营业务全年的销售业绩仍取得了不俗的成绩，一方面鼓舞了公司士气，另一方面为公司 2009 年的经营奠定了扎实的基础。

TCL 液晶电视销量大幅度增长的同时，产品结构亦更趋合理。公司在供应链管理、营销体系、成本控制等方面都取得了明显的改善。据统计，2008 年，TCL 液晶电视销量占到公司全年电视产品销量的 29%，而 2007 年的比重只有 8%。业内人士认为，在整个彩电业转型的关键时期，TCL 彩电产品结构的变化，表明其主要产业升级转型的步伐大大加快，这对于 TCL 核心竞争力的提升意义重大。目前，TCL 集团首条液晶模组生产线已经建设完成，第一台液晶模组产品也已下线，这将为 TCL 液晶电视产业的发展提供重要支持，不但可以满足 TCL 日益增长的对液晶模组的需求，在扩大利润空间、实现整机一体化设计、加快生产周期等方面也都会取得明显改善。据悉，1 月 8 日，TCL 集团定向增发方案获得证监会的核准，这将为公司未来在液晶电视领域的发展注入强劲的动力。

7 作者观点

国内的民族企业在发展到一定阶段之后，不可避免地面临"走出去"的挑战，这期间有成功的，有失败的，但可贵的是我们要有"敢于直面惨淡人生的勇气"。TCL，曾经作为国内家电业的代表，获得过无数次荣誉，但在"走出去"的过程中并不顺利，甚至异常坎坷。但 TCL 并没有认输，也没有动摇"走出去"的决心，而是痛苦中演绎"鹰的重生"。TCL 会成为今日的三星吗？

思考与讨论

1. 对 TCL 的国际化战略思路给予评价。
2. 对 TCL 采取的并购做法给予评价。
3. TCL 与海尔的国际化战略的异同如何？
4. 你认为进军国际化，一个企业应该具备怎样的条件？
5. TCL 国际化战略是否有值得我们借鉴的经验或是教训？

小肥羊的中国式"肯德基"之路[*]

李 勇

摘 要 小肥羊从 1999 年的一家营业面积不足 400 平方米的火锅店，发展到 2008 年在内地拥有 94 家自营店、240 家加盟店，在国外有 18 家门店。作为中餐业的代表，小肥羊走了一条与肯德基类似但又不一样的快速发展之路，为中餐连锁甚至中餐标准化摸索了一个经营模式，这将为中餐国际化扩张奠定基础。

关键词 小肥羊 连锁 战略

引言

小肥羊在包头从涮羊肉火锅起家，用一只羊、一口锅、一道菜，在短短 8 年的时间内，一步步做成了"大肥羊"，加盟店发展到 700 多家，销售额突破 50 亿元，成为中国民营企业成长速度百强之首，其速度令国人惊讶、世界赞叹。

1 小肥羊成立之初

1999 年 8 月，在美丽的草原鹿城——包头市的昆区乌兰道上，一家营业面积不足 400 平方米，只有 30 张桌子、50 多名员工的小肥羊火锅店正式开业了。同年，经营异常火暴的小肥羊火锅在包头市的青山区开了第一家分店，从此拉开了小肥羊连锁发展的帷幕。

由于前期加盟者众多，加之为了迅速占领全国市场，在自己的实力还未达到的情况下，小肥羊公司把加盟政策定为"以加盟为主，重点直

---

* 本案例由作者根据多方面资料整理而成。

营"，在全国各地设立了省、市、县级总代理及单独加盟店。这一政策的出台，为小肥羊公司早期的快速发展起到了积极作用，不仅满足了市场、加盟者、消费者三方面的需求，也创造了良好的品牌效应，使小肥羊足迹在短短的两三年时间里遍布全国各地，一举打响了知名度。2000 年，小肥羊火锅在上海、北京、深圳开始构建直营和连锁加盟店体系，小肥羊物流配送中心也应运而生。2001 年，第一个小肥羊肉品加工基地建立，并正式开展特许加盟业务，小肥羊公司在全国市场的规模性扩张也同时开始，加盟店在当年就发展到 445 家。同时，小肥羊的第一家省级总代理落户河北，并于同年在甘肃、山东、东北三省、青海、新疆等设立了 6 家省级总代理，小肥羊公司也更名为"内蒙古小肥羊餐饮连锁有限公司"。到了 2005 年，小肥羊门店总数达到 709 家，其中直营店 80 家，加盟店 629 家；2006 年，发展到 718 家。

2 小肥羊进军国际市场

在积极扩大国内市场的同时，小肥羊也在不断挑战国际市场。早在 2003 年，小肥羊就在美国以加盟商形式开了 3 家连锁店。那时候，小肥羊对海外市场还处于摸索阶段，采用特许加盟的形式也是为了积累经验。2004 年 12 月，小肥羊在香港成立全资子公司，依托深圳的物流配送体系，先后开了 3 家店。小肥羊香港店开业的时候，生意一如在内地开店，火暴异常。美国加盟店和我国香港店的成功开办，为小肥羊漂洋过海积累了宝贵的经验和成功范例。因此，小肥羊将 2005 年确定为国际年，一心要做中国的"麦当劳"。

2005 年 3 月，小肥羊加拿大分公司成立，内蒙古小肥羊公司占 60% 股份，另外一位股东是一位加拿大籍华人刘小兵，占 40% 股份。小肥羊加拿大分店火暴的场面更增添了公司拓展海外市场的信心，从此小肥羊迈出了国际连锁经营的实质性步伐。2006 年，小肥羊与广洋国际投资公司、奥卡公司、自然人王芳共同出资在美国旧金山兴办的"内蒙古小肥羊美国公司"成立，这标志着小肥羊正式落户美国。小肥羊集团总裁卢文兵说："今后小肥羊的开拓重点将放在海外，北美、东南亚也会很快见到小肥羊的连锁店。"按照小肥羊原来的战略规划，到 2007 年，小肥羊的海外业务将占到小肥羊集团总业务量的 1/3，而这一块的利润将大大超过境内，这也是张钢将 2005 年定为"小肥羊国际年"的真正原因所在。

截至 2008 年 3 月 31 日，小肥羊公司在内地拥有 94 家自营店、240 家加盟店，在内地以外共有 18 家门店，其中：加拿大 5 家，美国 3 家，日本 3 家，印尼 1 家，阿联酋 1 家，我国香港 4 家、澳门 1 家。

3　调整战略，全面整顿加盟市场

公司成立之初跑马圈地、大张旗鼓的操作模式确实为公司的快速发展带来了好处，同时也产生了许多弊端。重点体现在加盟者素质、服务以及管理质量参差不齐，从而损害了消费者的利益。而且由于这时期"小肥羊"还不是注册商标，缺少有力打假维权的武器，致使假冒者横行，也严重地伤害了小肥羊品牌的美誉度，使公司进一步的发展受到制约。

2007 年 5 月 28 日，小肥羊在上海宣布重启加盟市场。在此之前，国际知名战略咨询公司罗兰贝格曾对小肥羊进行过全方位的诊断称，在国内市场，小肥羊店至少可以做到 1500 家。重启后的加盟市场，将执行"一级城市不加盟，二级城市有限加盟，三级城市则以加盟为主"的计划。首先，成立加盟中心，负责与加盟商的接洽、管理以及服务。加盟中心成立以后几乎走遍了全国，对散落在各地的 600 多家加盟店进行了全面深入的调查，为下一步取缔和整顿加盟店面提供了依据。其次，2003 年年初在加盟中心调查的基础上，董事会作出暂停加盟业务的决定，此后很长一段时间内公司几乎没有新增加盟店。

与此同时公司分阶段、有重点地对加盟市场进行了一系列的规范和整顿。从 2003 年至 2007 年几年间，公司对加盟市场进行了大规模的治理整顿，其重点主要体现在以下几个字上：第一个字是"关"。就是坚决取缔在清查中发现的不合格店面，以维护小肥羊品牌形象不受伤害。第二个字是"延"。就是对虽然经营情况较差，但是能积极配合公司进行整改的店面予以保留，限期整改。第三个字是"收"。一方面，对在清查中发现的一批经营有序、赢利能力强的店面进行收购，纳入公司直营店的规范管理体系中。另一方面，逐步收回各级到期总代理的代理权，并且不再续签合约。2006 年，小肥羊原甘肃总代理升格为内蒙古小肥羊西北分公司，负责开发西部市场。这是一次以合作、双赢为前提的成功的收编，被小肥羊称之为经典案例。第四个字是"合"。就是与好的加盟商、代理商以参股、控股等方式合作。这一阶段典型案例是与原甘肃总代理合作，将其收编为总部下属的分公司，共同开发西部市场。小肥羊常务副总裁兼首席运营官张占海在上海召开的新闻发布会上说："针对国际市场实际情况，小肥羊会在开设直营店并取得充足经验的基础上，适度开设加盟店。其形式灵活掌握，既可以设置必要的总代理，也可以设置个体加盟店，以全面打开国际市场。"

随着 2006 年开始的国内加盟连锁市场大幅度整顿调整，小肥羊的国际化步伐开始更加稳健地推进。小肥羊公司的连锁店数量已由最高峰时期的 721 家减少到现在的 326 家，其中，取缔不合格店面 218 家、违规经营店面 19 家、重大投诉店面 21 家，小肥羊加盟市场得到了有效净化，维护了小肥羊品牌形象。同时小肥羊公司直营店和加盟店总数为 360 家，直营店营业收入十多亿元，加上加盟店的 30 亿元左右的营业额，营业额接近 50 亿元，位居国内中餐企业第一、中国品牌百强第 59 位。并且，小肥羊已在美国、日本、澳大利亚等 60 多个国家和地区申请注册"小肥羊"商标，并在 16 个国家拿到注册证书，为小肥羊实施国际化经营战略取得了通行证。小肥羊凭借快餐化的市场运作方式和品牌化经营战略，用 8 年多的时间赢得了市场，连锁店已发展到 700 多家，汇总营业收入超过 52 亿元，利润以 15 倍的速度飙升，名列全国餐饮连锁企业第二名。北京的"全聚德"、成都的"谭鱼头"、沈阳的"老边饺子"以及上海、广东等地的餐饮巨头被"小肥羊"远远地甩在后面。在中国的许多百年老店逐渐复兴和新的品牌层出不穷、百家争鸣之时，来自内蒙古的小肥羊却成为中国餐饮业的"领头羊"。小肥羊的目标市场绝不仅仅局限于国内。按照小肥羊集团的事业理念，小肥羊的最终目标是让"全球每一个有华人立足的地方都有小肥羊"。

4　小肥羊的战略投资

小肥羊经过多年的发展，积累了丰富的餐饮经营管理经验和丰厚的市场回报。2006 年，小肥羊又引进了国际著名投资机构 3i 集团和普凯基金 2500 万美元外资，获得小肥羊发售的 2011 年到期的可赎回、可换股债权。业内的一些资深人士把小肥羊引资称为"引入战略投资"。

据 2008 年 5 月小肥羊与 3i 和普凯等投资方达成的协议，小肥羊向 3i

和普凯分别配售 17275 万股以及 4318.8 万股，3i 及普凯投资基金共同成为小肥羊的第三大股东。"战略投资"不仅夯实了小肥羊的后台建设，肉业和调味品基地都较以前有了大的提升。另一个好处是：一批具备资深国际化餐饮管理背景的人才进入小肥羊核心团队。如今国际化的经营管理理念和日臻成熟的管理团队已经成为小肥羊最具竞争力的资源。这些给小肥羊拓展国际市场提供了保障。

在品牌战略方面，小肥羊已经与可口可乐、蒙牛等国际品牌企业建立战略合作关系。将会在对外品牌推广和对内业务合作等方面挖掘潜力提升业绩，扩大品牌形象力和影响力。"天然美味、快乐共享"的品牌理念正在通过各种渠道向外传递。

2006 年，小肥羊与可口可乐正式结为战略合作伙伴。小肥羊是可口可乐在中国餐饮企业的首家战略合作伙伴。小肥羊和可口可乐的战略合作被称为"最大的中国餐饮品牌和世界级品牌的一次联姻"。小肥羊总裁助理李丽婵说，作为奥运会全球战略合作伙伴的可口可乐和小肥羊结成战略合作伙伴，不仅仅是具体项目的合作，也是品牌战略方面的深层次的合作。2008 年，小肥羊和可口可乐又借助北京奥运会升级中国市场，提升国际影响力。

5　小肥羊的中国式"肯德基"之路

小肥羊似乎一直在努力模仿着肯德基的经营管理模式，但实际上，从小肥羊的发展来看，两者还是有许多的不同之处。

首先，单就经营模式而言，小肥羊一开始是以"以加盟为主，重点直营"的策略，在小肥羊实力尚浅的情况下通过众多的加盟者达到快速占领国际市场的目的。但在这同时，也由于没有对加盟者进行严格规范，造成了假冒者横行，严重伤害了小肥羊品牌的美誉度，使公司进一步发展受到制约的局面。而肯德基初期是以直营为主，并不断地探索加盟模式。最后肯德基采用了"不从零开始"的特许经营，即将一家成熟的、正在营运的餐厅转让给加盟者。这样做加盟者不需从零开始，避免了自行选址、开店，招募、训练及管理员工的工作，降低了风险，提高了成功的几率，确保了连锁发展，更确保了品牌不受损害。

其次，肯德基对加盟商的素质和资信要求较高。如加盟商必须满足大专以上学历；认同肯德基企业文化；具备企业家的精神；有相关从业经验；无犯罪、破产记录；与百胜经营的别的品牌（如必胜客、塔可钟）无利益冲突等要求。并且在经过资格核准之后，加盟商还要接受 13 周的餐饮管理培训。而小肥羊对加盟者并无特别要求，只要求加盟者具备一定的经济实力和餐饮管理经验。

到目前为止，小肥羊也是与肯德基经营模式最为相似的餐饮连锁企业。肯德基建立了科学的标准化体系。例如食品品质标准化、服务质量标准化、就餐环境标准化以及暗访制度标准化等。而小肥羊也在努力建立这样的标准化。中餐由于其操作的复杂性和强烈的地域色彩，使得它往往难以大范围推广。厨师是遏制中餐规模化经营的主要因素：厨师不同，做出来的菜品味道就不同；即使同一位厨师，情绪不一样，食客吃到的口味也不会相同。小肥羊应对这个问题的经验很简单："我们只有一道菜。""一道菜"使规模化的复制成为现实，使标准化的后厨易于执行。小肥羊各地店铺除了蔬菜在当地采购，以保持新鲜外，原材料，包括锅底料、羊肉，皆由包头总部统一配送。即使是当地采购的蔬菜也要按特定的标准切割上桌，质量容易控制。把复杂的事简单化，包括不用小料，这些都使后厨标准化容易推广。小肥羊也就从餐饮行业最难控制的产品角度建立了一定的壁垒。这为今后小肥羊的规模化、连锁化经营埋下了伏笔，打下了良好的基础。

再次，肯德基对于店面的选址有自己的一套独到方法。要考虑商圈、人流的主要动线、聚客点等问题，并进行大量细致的调查。而小肥羊在开店选址时，一般也会提供一倍以上的备选地址，如果在某个城市要开 10 家店，市场开发中心会预先选定 20 家以上的备选店面。从 2007 年至今，小肥羊运营中心已经在全国范围内做了一次调研，全国的大中城市有 400 多个商圈适合小肥羊开店，包括具体的选址，小肥羊已做到了心中有数。

6　小肥羊应对金融危机

2008 年 6 月 12 日，小肥羊完成了在香港上市的战略计划，募集资金 4.63 亿元。上市成功后的小肥羊成为中国"火锅第一股"。不过，公司高管没有想到的是，与小肥羊的成功上市相伴而来的是全球金融危机。在小肥羊力推香港上市之前，公司海外发展战略一直在紧锣密鼓地进行。

在小肥羊已经公布的 2008 年中期业绩报告显示，公司净利润 4. 22 亿元，同比增长 82%；每股收益 0. 0484 元，同比增长 77. 9%。按照小肥羊业务的季节特点，2008 年全年公司利润可以达到 1. 266 亿元。而小肥羊 2007 年净利润为 9120 万元。面对突如其来的金融危机，小肥羊将调整未来全球经营战略，总裁卢文兵表示，未来几年国内业务将成为公司的战略重点，而海外业务将以加盟为主。海外发展战略是小肥羊整体发展战略的一部分，但公司上市后，小肥羊海外发展遇到的实际问题需要公司作出战略调整——由发展直营店变为以加盟为主。小肥羊派出员工会碰到国外劳工政策的限制，办签证比较麻烦，时间最长的旅游签证也就三个月。小肥羊海外店面的员工以当地为主，这对小肥羊海外扩张肯定会产生影响，因此之前所采取的直营方式也需要作出变化。这有利于小肥羊降低海外经营风险，同时也可以保证小肥羊集中精力做好国内市场。显然，卢文兵的思路已经与两三年前发生了变化。

卢文兵认为，全球金融风暴的中心在欧美，对中国影响已经减弱。而小肥羊 90% 的业务在国内，主要面向国内普通消费群体。老百姓如果减少消费的话，对高端餐饮可能会影响明显。2008 年 11 月 6 日，小肥羊已经透露将日本小肥羊 65. 5% 的股权全部卖掉。小肥羊的利润增长一是来源于开新店，主要是直营店；二是收购加盟店；三是提升单店赢利能力。因此，小肥羊国内的发展方向是以直营店为主，会考虑收购自己的比较好的加盟店，再考虑收购其他餐饮企业的店。目前，小肥羊直营店 103 家、加盟店 240 家；2007 年分别为 90 家、257 家。下一步，小肥羊将加快开店步伐，2009 年开 60 家，2010 年开 80 家，以后可能一年开到 100—150家，照这个速度，20—30 年的时间就能实现 3000 家店的目标。

7　作者观点

肯德基和麦当劳，就靠口味单调的炸鸡翅、汉堡和炸薯条，就征服了全世界包括中国人的胃。进入中国后，很快就成为餐饮业的佼佼者和领头羊。作为有着数千年历史积淀和文化底蕴的中式餐饮，却很难做大，更难国际化。小肥羊，作为中餐的代表，用短短几年的时间，做到了国内餐饮的前 3 名，这中间除了产品本身之外，也许战略、管理等因素起到了相当的作用。中餐挑战洋快餐的时机终于要来了，小肥羊只不过仅仅是一支力量而已，更强大的力量将在后面出现。

思考与讨论

1. 在中餐连锁中，小肥羊成功了，靠的是什么？
2. 小肥羊的战略扩张与洋快餐肯德基等有何异同？
3. 小肥羊连锁能像肯德基那样走国际化道路，征服地球人的胃吗？说明理由。

三鹿集团的崛起与陨落*

李 勇

摘 要 作为国内乳品行业的代表之一，三鹿集团曾经有着辉煌的历史，仅三鹿品牌价值就达 149.07 亿元。然而，2008 年 5 月以来爆发的婴幼儿结石事件对包括三鹿集团的企业带来沉重的打击，彻底摧毁了中国本土的婴幼儿奶粉行业。通过回顾三鹿集团的成长历程以及在三聚氰胺事件中失策的危机公关，我们与读者一起来反省企业在战略中的愿景和社会责任。

关键词 三鹿 奶粉 三聚氰胺 战略

引言

石家庄三鹿集团是集奶牛饲养、乳品加工、科研开发为一体的大型企业集团，是中国食品工业百强、农业产业化国家重点龙头企业，也是河北省石家庄市重点支持的企业集团，连续 6 年入选中国企业 500 强。企业先后荣获全国"五一"劳动奖状、全国先进基层党组织、全国轻工业十佳企业、全国质量管理先进企业、科技创新型星火龙头企业、中国食品工业优秀企业、中国优秀诚信企业等省以上荣誉称号 200 余项。2007 年，集团实现销售收入 100.16 亿元，同比增长 15.3%。

三鹿集团坚持与时俱进、创新经营。三鹿产品畅销全国 31 个省、市、自治区，奶粉产销量连续 15 年实现全国第一，酸牛奶进入全国第二名，液体奶进入全国前三名。三鹿奶粉、液态奶被确定为国家免检产品，并双双荣获"中国名牌产品"荣誉称号。2005 年 8 月，"三鹿"品牌被世界品牌实验室评为中国 500 个最具价值品牌之一，2007 年被商务部评为最

---

* 本案例由作者根据多方面资料整理而成。

具市场竞争力品牌。"三鹿"商标被认定为"中国驰名商标";2006年位居国际知名杂志《福布斯》评选的"中国顶尖企业百强"乳品行业第一位。经中国品牌资产评价中心评定,三鹿品牌价值达149.07亿元。

然而,2008年5月以来爆发的婴幼儿结石事件给包括三鹿集团在内的其他中国乳制品企业带来沉重的打击,使中国本土的婴幼儿奶粉行业面临严重困境。三鹿集团作为中国最大最权威的婴幼儿奶粉生产企业,从一个巨头走到现在被其他企业收购的惨痛局面,我们不得不反思,三鹿集团到底怎么了?

1　三鹿的崛起

1.1　从奶业合作社起家,奠定发展基础

三鹿集团的前身是1956年2月16日成立的、由18家饲养户共45名社员组织起来的"幸福乳业生产合作社"。1960年,合作社有了奶牛场、奶羊场,后几经更名,成为石家庄市最大的奶牛养殖场。在此时期,企业的生产经营仍是农牧业生产,产品几乎都是鲜奶。1964年,奶牛场成功研制出"新石家庄"全脂甜奶粉,主要指标达到了部颁标准,填写了石家庄乳业空白。

1968年以后,企业发生了质的变化。一是在奶牛饲养方面建立了一套完整的管理制度,奶粉加工从工艺设备到操作技术已基本掌握;二是奶牛场引进了包括田文华在内的一批大学生和技术人员,形成了一支骨干队伍,企业的人才基础得以积累;三是多年的奶牛经营完成了资本的原始积累,具备了更新改造的物质基础。1973年,通过技术攻关,成功研制了完整的喷粉生产线,使奶粉生产量翻了一番,同时奶粉质量显著提高,企业得以更大发展。同年,奶牛场更名为"石家庄牛奶厂"。1974年,曾为企业创下了高额利润的新产品——麦乳精研制成功,企业实现了由饲养业为主向乳制品加工业为主的转变。

1.2　走产业化经营之路,实现第一次飞跃

党的十一届三中全会以后,石家庄牛奶场抢抓发展机遇,加大研发的发展力度。1980年试制生产的强化麦乳精、颗粒麦乳精产品畅销全国20多个省市,"三鹿"成为全国关注的品牌。1983年6月,原轻工部召开母乳化奶粉专业会议,牛奶厂努力争取,成为母乳化奶粉的试点企业之一。

同年 11 月，试验取得成功，并生产出了合格产品，企业被列为原轻工部"母乳化奶粉"定点生产企业。母乳化奶粉后来很快成为三鹿的支柱产品，它的试制成功为三鹿事业发展奠定了基础。

1980 年至 1985 年是企业全面发展的六年。企业各项经济指标、固定资产投资成倍增长，初步形成了从奶牛饲养到乳制品加工综合性一条龙生产，粗具现代化规模。1984 年，牛奶场经批准更名为"石家庄市乳业公司"。

随着婴幼儿奶粉市场的逐步成熟，以及产品结构的不断完善，三鹿产品出现了供不应求的局面。为解决制约企业发展的奶源问题，1986 年以石家庄乳业公司为龙头的横向经济联合组织"石家庄冀中乳业联合总公司"成立，并逐步迈出了"奶牛下乡，牛奶进城"的第一步。三鹿开创的"奶牛＋农户"的饲养管理模式成为中国乳业的一场革命，也使三鹿的发展实现了第一次飞跃。

1.3　实施资本运营，实现第二次飞跃

1993 年，三鹿奶粉的产销量已跃居全国第一位，但是面对供不应求的市场形势，企业的生产能力再次达到极限。为此，三鹿核心管理层再次大胆创新，以品牌为旗帜，以资产为纽带实施资本运营，向集团化方向转变。1993 年起，先后对多家经营困难、缺乏规模的企业进行联合，帮助其走出了困境，扩大了生产规模。1995 年，三鹿在同行业率先组建了企业集团。同年 4 月，三鹿在中央电视台一频道黄金时段播放广告，开创了中国乳品企业在中央电视台投放广告的先河，"三鹿奶粉，伴您一生"的广告语因此深入人心。

1996 年，石家庄三鹿集团股份有限公司正式成立，股份公司按照《公司法》的要求，形成了完善的法人治理结构。1999 年，第一个专职生产液体奶的石家庄三鹿乳品有限公司成立，标志着三鹿开始正式进军国内液体奶市场。2002 年，河南三鹿花花牛乳业有限公司成立，标志着三鹿集团的品牌战略又跨出了"挺进中原、辐射全国"的成功一步。精心的资本运营，实现了稳步的低成本扩张。三鹿集团在北京、天津、河北、江苏、山东、河南、广东、安徽等省市共有企业 30 余家，成为我国乳品企业中干乳制品、谷物食品、液体乳、酸牛乳、乳饮料五大类产品齐全、子品种多、子系列多、并能大规模生产的龙头企业，"七五"以来，三鹿主要经济指标年均递增率达 30％以上，企业发展步入了快车道。

1.4 在强强联合中实现进一步提升

在全球经济一体化的大潮下，国内乳品企业走出国门、参与国际竞争是发展的必然，三鹿集团与国际知名乳品制造商——新西兰恒天然集团经过长期谈判，于 2005 年 12 月 1 日签署了合资协议，恒天然集团注资 8.64 亿元人民币，认购了三鹿 43% 的股份。2006 年 6 月 15 日，合资公司正式运营，标志着三鹿向着"瞄准国际领先水平、跻身世界先进行列"的目标迈出了关键性的一步。

半个世纪以来，三鹿坚持不断创新和诚信经营，实现了企业跨越式发展，谱写了中国乳业浓墨重彩的华章。三鹿集团"十一五"期间的发展目标是：到 2010 年，确保配方奶粉、力争功能性食品和酸牛奶产销量全国第一，液态奶及乳饮料保持前三位，全面提升企业生产规模、经济效益和综合实力，做大做强三鹿，走出国门，与国际市场接轨。

2 三鹿集团的"三聚氰胺事件"

2.1 事件回顾

三聚氰胺，C3H6N6，又称蜜胺，常见塑料化工原料，也可作为灭鼠药。其特点为氮原子很多。就是这种普通的化工原料，却击垮了三鹿，搅起了 2008 年中国食品行业的惊涛骇浪。

2008 年 3 月以来，三鹿集团先后接到消费者反映，婴幼儿食用三鹿婴幼儿奶粉后，出现尿液变色或尿液中有颗粒现象。8 月 1 日，三鹿集团送检的奶粉中被检测出含有三聚氰胺，但之后石家庄政府部门并没有及时上报。9 月 11 日卫生部指出，近期甘肃等地报告多例婴幼儿泌尿系统结石病例，调查发现患儿多有食用三鹿牌婴幼儿配方奶粉的历史，高度怀疑石家庄三鹿集团生产的婴幼儿配方奶粉受到三聚氰胺污染。三鹿集团紧接着在当晚发布产品召回声明，称经公司自检发现 2008 年 8 月 6 日前出厂的部分批次三鹿婴幼儿奶粉受到三聚氰胺污染。9 月 12 日，三鹿集团全面停产。

9 月 13 日，国务院新闻办召开新闻发布会，卫生部党组书记高强指出：三鹿牌婴幼儿配方奶粉事故是一起重大的食品安全事故。全国累计报告因食用三鹿牌奶粉和其他个别问题奶粉导致泌尿系统出现异常的患儿达 29 万余人。一时间，"三鹿奶粉"成为"问题奶粉"的代名词。至此，三鹿集团大厦将倾已是在所难免。

2.2 三鹿集团的危机公关失策

失策一：对外发言人混乱不堪

企业在处理危机公关时，最基本和最重要的原则就是保持对外声音的统一，包括由指定的新闻发言人传递统一的立场态度和观点。

而三鹿集团却是如此反应的。事件爆发后的 9 月 1 日，三路集团的相关负责人轻描淡写地否认三鹿有致婴儿患病的 18 元价位奶粉。

随后的 9 月 9 日，由于患儿病例增多，均指向患儿曾食用的三鹿配方奶粉，三鹿集团的合作公司——中国西部天地商贸有限责任公司的董事长对外发言，拍胸脯表示三鹿奶粉没有任何问题。

9 月 10 日，三鹿奶粉在南京地区的代理商却出面声称，患病婴儿不能确定是食用三鹿奶粉致病。

等到 9 月 11 日，三鹿集团传媒部相关人员也向媒体发表声明：三鹿集团奶粉没问题。但是在卫生部的直接干预下，当天晚些时候又不得不承认相关奶粉受到了化工原料三聚氰胺的污染，并发布产品召回声明。而最应该在危机公关中出面的三鹿高层却没有在媒体面前出现。

在这一过程中，三鹿集团给外界的印象是，口径混乱，发言人身份级别不够。显然，企业没有及时成立一个统一组织去处理这次危机。他们轻视了这次危机，没有意识到事件的严重性，以致各说各词，给大众一种没诚意的印象。事件发生后的前几天，是危机公关的关键时段，在这样严重的危机事件面前，应该有一个总裁级别的企业高层出面对大众传递声音。但是直到 9 月 11 日，三鹿集团都没有总裁级别的人物出现在媒体面前。

失策二：危机预警系统启动迟缓

事实上，从 2008 年 3 月起，就陆陆续续有消费者投诉三鹿集团的奶粉存在问题，这些投诉其实是危机前的征兆。

人们不禁疑惑，既然在多个月前集团就已接到消费者投诉，为何要等到全国各地多名婴幼儿查出肾结石才启动危机公关程序？为何之前送检的产品没有发现任何问题，但是在事件大规模爆发后的两天内却自检出 2008 年 8 月 6 日前出厂的 700 吨三鹿婴幼儿奶粉受到三聚氰胺的污染？

这说明经历阜阳奶粉事件的三鹿集团还是缺乏危机的敏感性，对危机存在侥幸心理，没有防微杜渐的危机意识。危机一旦爆发，星火燎原，此时的危机杀伤力早已超过危机初期的数十倍，处理起来也非常棘手。如果在数月前，三鹿集团就开始危机预警，就不会落到后来那样被动的慌乱境地。三鹿集团显然错过了处理危机的最好时机。

就在三鹿集团否认有致婴儿患病的 18 元价位奶粉的第二天，即 9 月 2 日，中央电视台"每周质量报告"播出了"中国制造"特别节目首集《1100 道检测关的背后》，对三鹿婴幼儿奶粉的生产过程进行了详尽记录，以展示三鹿集团的产品质量和过程管理。仅仅过了 8 天，肾结石奶粉事件就大面积爆发，不得不说之前的电视台节目有消除消费者对三鹿奶粉担忧之嫌。

到了 9 月 12 日，网络流传着一个三鹿集团在 8 月 11 日就婴儿肾结石奶粉事件做的危机公关方案，其中提到三鹿集团要与著名的搜索引擎"百度"签订 300 万元人民币的广告投放方案，换取"百度"在搜索结果中屏蔽三鹿的负面新闻。这一切举动隐隐地暗示着三鹿集团对产品问题是知情的，只是没有在危机之前从质量问题着手解决，而走了一条通过媒体塑造和维持美誉度的路径。但是，没有质量作保证的美誉度在危机爆发时就成为笑谈，更加激起公众对当时企业的反感。

失策三：经不起推敲的迟到声明

危机爆发的第 12 天，9 月 12 日上午，三鹿集团向媒体提供的一份资料称，三鹿集团在 2008 年 3 月已经接到投诉，但是没有检出任何质量问题。而 6 月中旬后，病例增多，并且有患儿住院治疗。该集团通过对产品大量深入检测排查，在 8 月 1 日，得出结论：是不法奶农向鲜牛奶中掺入三聚氰胺造成婴儿患肾结石，不法奶农才是这次事件的真凶。集团即日起正式召回 2008 年 8 月 6 日前出厂的 700 吨三鹿婴幼儿奶粉，配合警方抓捕不法奶农。三鹿集团还声称此次自己也是受害者，因为产品召回损失了 6 亿元，此次事件的赔偿应由不法奶农负责。

人们又不禁疑惑，既然三鹿集团承认早已知情，为何迟迟不告知公众和召回问题产品？三鹿应该在危机发生的第一天立刻准备一份外部声明，诚实地解释整个事件，而不是在纸包不住火的时候发布一份漏洞百出的声明，看起来弄巧成拙，很难取信于众。

三鹿集团此份声明无疑想将危机的矛头转向奶农，转移公众的视线，以推卸责任和全身而退。然而，这种转移视线的公关手段并不高明。对于分散的奶农来说，要进行 700 吨奶粉原料造假无疑是很有难度的，何况在卖奶给三鹿集团时，奶农并不清楚哪些奶液将用于哪种配方的奶粉，而恰恰是三鹿集团 18 元的低端婴幼儿奶粉出了问题，其他高价位产品暂时没有检出含三聚氰胺。另外，已有化工行业的相关人士指出，三聚氰胺微溶于水，直接添加在奶液中无疑会发生大量沉淀，难以通过收奶的第一关（如果是通过了，只能说明该企业的检验流程出了问题），如果奶粉含该成分，最有可能是生产环节出了问题。

三鹿集团作为一家大企业，却没有大企业的气度和风范，出了事故不主动承担责任，反而犯了危机公关的大忌，将事故责任和赔偿责任推到处于弱势地位的奶农身上，这一举动于危机的解决无益，更加大失民心。

作为一家苦心经营 60 多年的民族企业来说，三鹿集团面临着有史以来最大的危机。但是并不理想的公关手段会导致更严重的后果，不但没有修补好受损的信誉，还会让公众对企业和产品的印象恶化。再完美的危机公关只是暂时的救火，火灾过后的一片疮痍需要更大代价和更多时间去重建。企业需要的是用产品质量去防火，杜绝起火的任何苗头，而不是坐等火势蔓延才慌乱扑火。

3 三鹿的出路

根据公开资料显示，三鹿集团 2007 年年底总资产为 16.19 亿元，总负债为 3.95 亿元，净资产为 12.24 亿元。当时，三鹿的品牌价值甚至高达 149.07 亿元。2005 年年底，新西兰恒天然集团以 8.64 亿元代价取得三鹿集团 43% 的股份，成为其战略合作者，也创下当时外资对于国内乳企的最高投资纪录。以这样的价格推算，当时对三鹿的整体估价当在 20 亿元左右。10 亿元仅是三年之前的价格。而在恒天然重金入股之后，三鹿获得了极大的发展。据公开资料，2004 年，其只拥有 21 家合资合作联营企业，奶粉事件全面爆发时，这一数字已高达 40 多家。同时，三鹿的销售额近年也在以两位数的速度增长。2005 年，其销售额为 74.53 亿元，2006 年达到 87 亿元，2007 年则为 100 亿元，同比增长 15.3%。7 亿元的估值，对于出事一个多月前的三鹿来说，还是一个痴人说梦的数字，然而由于三聚氰胺事件的影响，三鹿的无形资产基本丧失。

另据媒体报道，石家庄市中级人民法院 2008 年 12 月发出民事裁定书，正式宣布石家庄市三鹿集团股份有限公司破产。自 2008 年 "9·11" "三鹿事件" 曝光，虽经过数月努力，三鹿集团最终没能挺过去。

经过国内外企业的多番角逐以及政府主导力量发挥作用，河北三元顺利收购三鹿集团。2009 年 3 月 6 日，三元股份公告，河北三元、三元集团与石家庄三鹿集团股份有限公司管理人在河北省石家庄市签署《资产转让协议》，旨在保证河北三元顺利接管三鹿部分资产。该协议内容包含：三鹿集团管理人向河北三元、三元集团转让三鹿集团的土地使用权、房屋建筑物、机器设备等可持续经营的有效资产，以及三鹿集团持有的新乡市林鹤乳业有限公司 98.8% 的投资权益。协议标的的转让价格根据公开竞拍的成交价确定，为人民币 6.165 亿元。

三鹿的竞卖门槛几乎是为三元"量身定做"的：具有十年以上液态奶、奶粉生产经验，上一会计年度来自液态奶、奶粉的营业收入应不低于 10 亿元，注册资本不少于 5 亿元；市场声誉良好，质量控制制度完善，且未因三聚氰胺事件对婴幼儿造成伤害等。

业内人士分析，三元成功"上位"，意味着中国乳业格局将发生巨变。此前三元高层曾放言：三元的目标是进入中国乳业的前三名。整合三鹿后，三元面临的整体市场规模是原来北京市场的 20 多倍。至于三元瞬间膨胀会否引起"消化不良"，北京三元食品股份有限公司认为：三元目前处于快速发展阶段，整合三鹿之后产能瞬间提升。三元日后也将面临考验：第一，资金压力很大。据悉，三元集团参加竞拍前注入 2 亿元现金外，其余 4.165 亿元目前还没有明确到位时间。第二，管理方面面临两个企业不同文化和人员之间的整合。第三，三元以往奶源以自产为主，80% 自有养殖场和 20% 大型养殖小区，而三鹿集团之前除养殖场、养殖小区外，还有相当数量散养户，这些对三元的协调管理都有很大压力。第四，三元一直以生产鲜奶制品为主，对于三鹿之前优势的奶粉产品是一大短板，无论从技术和市场拓展方面，都将遇到问题。

4　作者观点

前事不忘，后事之师。三鹿事件暂时画上了一个句号，而留下的深刻教训，令人反思。

三鹿，这个曾经在中国乳品行业响当当的企业，在 2008 年 12 月 23 日接到石家庄市中级人民法院受理破产清算申请民事裁定书后，正式进入破产清算的法律程序。三鹿，这个经过 50 年打拼树立起来的品牌，留下的"遗产"除了 11 亿多元的巨额债务外，还有对整个乳品乃至食品行业难以估量的损害。

一个经 50 年打拼创立起品牌价值近 150 亿元的企业，仅仅几个月内就成为 11 亿多元负资产的破产企业，是什么导致发生如此颠覆性的变化？与其说是三聚氰胺打倒了三鹿，倒不如说是三鹿自己打倒了自己。

企业的宗旨是什么？是利润最大化吗？是唯利是图吗？企业的社会责任是否应该成为企业战略的一部分，甚至是最重要的一部分？

企业的愿景是挂在墙上的口号吗？如果是这样，还不如没有愿景！愿景不能成为掩耳盗铃的遮羞布。

思考与讨论

1. 你认为三鹿集团最初的成功有哪些？最重要的因素是否在于它的战略？为什么？

2. 三鹿集团的产业链有何特征？

3. 三鹿集团与新西兰恒天然的合作是否一个双赢的结果？在引进外资的时候，需要注意哪些问题？

4. 三鹿集团处理"三聚氰胺事件"的方式是否妥当？当一个企业面临这样的问题时，应该如何应对风险？

5. 参与此次三鹿收购的企业当中，你认为收购企业应该重点考虑什么因素？

6. 根据该案例评述企业战略中的愿景和社会责任在企业战略中的地位及作用？

竞争战略

长虹等离子电视战略[*]

李 勇

摘 要 长虹始创于 1958 年，但随着 CRT（显像管）产业衰退，长虹集团也同样面临战略转型。平板电视广阔的市场将有力推动长虹及中国彩电业实现跨越性发展。长虹宣布进军等离子屏领域，通过巨资收购，建设国内第一条 PDP（等离子）生产线。其他众多国产彩电巨头也希望通过采购成本优势明显的国产等离子屏，来齐力抗击日韩彩电品牌。

然而，长虹的大扩张背后存在着不少隐忧。根据《2009 年消费需求趋势预测报告》显示：等离子电视仅是液晶电视的一个零头 120 万台。此外，由于电耗过高，欧盟计划禁止 PDP 电视的销售。

关键词 长虹 等离子 战略

1 长虹公司背景

长虹始创于 1958 年，公司前身国营长虹机器厂是我国"一五"期间的 156 项重点工程之一，是当时国内唯一的机载火控雷达生产基地。历经多年的发展，长虹完成由单一的军品生产到军民结合的战略转变，成为集电视、空调、冰箱、IT、通信、网络、数码、芯片、能源、商用电子、电子产品、生活家电等产业研发、生产、销售、服务为一体的多元化、综合型跨国企业集团，逐步成为全球具有竞争力和影响力的 3C 信息家电综合产品与服务提供商。2005 年，长虹跨入世界品牌 500 强。2007 年，长虹品牌价值达到 583.25 亿元。

长虹现有员工 6.4 万余人，拥有包括博士后、博士在内的专业人才

---

* 本案例由作者根据多方面资料整理而成。

1.5 万余人，拥有现代化的培训中心，国家级技术中心和博士后科研流动工作站，被列为全国重点扶持企业和技术创新试点企业。

植根中国，长虹在广东、江苏、长春、合肥等地建立数字工业园，在北京、上海、深圳、成都设立研发基地，在中国 30 多个省市区设立 200 余个营销分支机构，拥有遍及全国的 3 万余个营销网络和 1.2 万余个服务网点；融入全球，长虹在印尼、澳大利亚、捷克、韩国等国投资设厂，在美国、法国、俄罗斯、印度、乌克兰、土耳其、阿联酋、阿尔及利亚、泰国等十多个国家和地区设立分支机构，为全球 100 多个国家和地区提供产品与服务。

2　长虹彩电复兴之路

长虹集团曾经是 CRT 彩电时代的国内巨头，在 CRT 产业衰退时，长虹集团也同样面临战略转型。2000 年以来，国内彩电市场逐渐饱和，依靠价格战的发展战略失去了效力。随着国内其他厂家产能扩张，长虹的公司利润从 1998 年开始一路下降，1998 年为 20 亿元，1999 年下降为 5.25 亿元，2000 年为 2.74 亿元。与此同时，四川长虹市场占有率从最高的27% 左右下降到 2003 年的 14% 左右，而出口自然成了公司维持市场地位的主要渠道。

2004 年，一向不善于"制造"新闻的长虹，在经历了"换帅"风波之后，"虹色十月"和"大平板显示真水平"的市场营销战役再次搅动了整个中国家电行业。2004 年之前，长虹刚刚经历 37 亿元的巨亏。尽管四川长虹积极尝试多元化经营，公司彩电业务收入占比也在逐年下降，彩电收入占比已经从 80% 以上下降到 50% 左右。CRT 彩电产业不可逆转将走向衰退，平板电视将取而代之。

2004 年 7 月，长虹换帅，赵勇履新，确立了向上游进军的产业规划，此后长虹拉开了一场声势浩大的"复兴"计划。2004 年 12 月底，长虹向外界公布《平板战略白皮书》，宣布全面进军平板领域，争取在两年内成为世界三大平板电视提供商之一。在平板电视成为产业趋势的情况下，国内经过几十年建立的 CRT 产业优势将失去作用。国内整个行业将处于平板电视上游产业关键配套的缺失状态，而长虹恰好希望借此扭转颓势，重获产业话语权。

3 确立等离子战略

现阶段国内平板电视市场竞争基本形成"四分天下"的格局,中国品牌占据主导地位,占整体销量的 60.2%;其次是日本品牌,再次是韩国品牌,最后是欧美及其他品牌。从平板电视销售额角度看,中国品牌占48%,日本品牌占 29%,韩国品牌占 16%,欧美及其他品牌占 7%。中国品牌虽然占据本土市场主体份额,但是存在两大核心问题:

第一,中国企业没有掌握平板电视的核心技术。从全国市场来看,中国品牌仍然保持了 60% 的销量份额。屏幕的成本要占到整个平面电视机的 60%—80%,中国的平板电视机厂商在集体为外资的屏幕供应商打工。

第二,国内液晶电视市场竞争品牌最多,但市场份额相对分散,海信、创维、长虹、TCL、厦华、康佳六大中国品牌只占整体市场的 50%。

PDP 广阔的市场将有力推动长虹及中国彩电业实现跨越性发展。根据显示器市场调查,公司平板电视市场急剧增长,PDP 在大屏幕电视市场中属于主要的显示器件,从 2004 年至 2010 年年平均增长率将达 38%。同时,根据权威机构预测,2010 年全球 PDP 电视的需求量将达到 3000 万台以上。PDP 显示产品有大屏幕和全数字化驱动两个明显优势,是大屏幕彩电和高清晰彩电最具竞争力的新型显示器件。

2005 年 4 月,赵勇在一次董事会上首次提出生产等离子屏的想法,遭到其他董事的一致反对。但是赵勇力排众议,自 2005 年下半年开始,秘密与日本先锋公司商谈合作,由于后者要价过高,谈判破裂。

2005 年 12 月,长虹转而与同样有意建设等离子屏生产线的彩虹集团展开谈判。2006 年 4 月,赵勇在四川省"工业强省会议"上正式宣布确定投资方向为等离子屏。

等离子和液晶是平板电视的两种主要形式,但是由于技术原理及成本的差异,等离子优势在大屏幕,液晶优势在小屏幕,因而二者之间有道天然"防火墙":42 英寸以上等离子占据绝对份额,42 英寸以下液晶占据绝对份额。但是在国内市场,液晶显示器的市场增长速度远大于等离子,当时液晶与等离子市场份额为 7∶3,业界也偏向于液晶的前景。

从投资成本看,等离子屏的投资成本是液晶屏的 1/5 左右,因而等离子的投资额大大小于液晶;而且,全球仅有五家供应商的等离子屏的竞争状况远不及液晶屏激烈，等离子屏供应商依然有可观利润率；再者，相对于液晶屏 9684 项全球专利来说，等离子屏一共只有 1568 项全球专利，等离子的专利壁垒大大低于液晶。

由于液晶屏市场的激烈竞争，生产商开始加大投入提升技术扩充产能，2005 年年中，三星电子 7 代液晶屏生产线投产，开始批量供应 42 英寸液晶屏。长虹选择投资等离子生产线，显然是希望以较小的投资，进入专利壁垒低、竞争尚未充分的大尺寸显示屏供应行列，以获取高利润率。

长虹选择投资额与专利壁垒相对低的等离子，主攻大屏幕市场，具有相对低风险。但是市场变化异常迅速，三星 42 寸液晶屏的量产，将液晶与等离子细分市场的"防火墙"破除了，液晶一旦加入到大尺寸屏幕市场竞争中来，势必要冲击等离子在大屏幕市场的地位及利润率。因此，长虹选择等离子依然是场赌注，要想通过等离子来冲破其在彩电行业的困境，长虹首先必须克服的是技术和产业链两个难题。

4　整合专利技术资源

2006 年 4 月 28 日，长虹集团的等离子屏项目在四川绵阳高新区正式开工。该项目采用目前国际上最高代的 8 面取技术，首期产能规划为 216 万片/年（以 42 英寸计），在规模上仅次于松下、LG 和三星 SDI。2006 年 6 月，长虹集团与彩虹集团共同投资 18 亿元，成立等离子项目的实体运营公司——世纪双虹，长虹集团持股 80%，彩虹集团持股 20%。彩虹集团之前对等离子的研发有相当投入，并且拥有 135 项专利。

随后，2006 年 12 月，世纪双虹以 1 亿美元收购荷兰 Sterope 公司的 75% 股权。后者全资持有韩国企业等离子屏生产商欧丽安（Orion）公司。长虹联合彩虹的这次收购，显然是为了整合这两家公司的研发力量获取核心技术，同时彩虹与 Orion 公司的专利总数超过 500 项，大约占据了全球有效专利数的 1/3，长虹期望通过专利交叉授权的方式绕过国际专利壁垒。

长虹希望借此不仅可以实现向上游关键部件领域突破，在一定程度上掌握、控制上游资源，同时还可缩短公司在 PDP 关键技术领域同日韩同行业之间的差距，提高自主创新能力，为公司进一步发展壮大奠定坚实基础。但是长虹这次资源整合效果差强人意。欧丽安自己并没有能够完成等离子屏幕量产、稳产的任务的能力。并且对"欧丽安"的技术集成,长虹有三个难点要做创新突破。首先,欧丽安自己只实现了2000片的月产能力,这离稳产每月每条生产线20万片的距离还差很远。其次,2006年新推出的等离子产品,例如松下、先锋已经全面实现全高清化(1920 * 1080),而欧丽安只拥有852 * 480产品的技术能力。其三,长虹只收购了欧丽安的"空壳"和成形的技术,而不包括"科研团队"。欧丽安的收购只能保证长虹走进"等离子"的大门,而不能保证长虹拥有任何的研发实力或者是产品优势。

5 建设完整的产业链

"在数字化平板化时代,如果长虹还处于简单组装水平,不能掌握上游的核心部件,就不如转型。"在长虹集团董事长赵勇看来,只有向上游进军,平板彩电企业才能摆脱受制于人的局面。虽然等离子技术对产业链的要求要低于液晶技术,但是建立在巨大产能之上的完整的当地产业配套,是降低企业成本的最主要方式之一。强调产业链整合已经是现代企业竞争的核心要素之一。而在四川,布局等离子项目没有任何前期的产业积累,无论是上游还是下游,长虹都必须从零开始。

资料显示,国内液晶和等离子电视每年以近200%的速度增长,但平板电视屏掌握在日韩企业手中,中国企业需要花费80%的成本用来买屏。这导致规模欠缺的中国企业在平板电视上几乎没有利润可言。

因此在等离子屏方面,四川长虹、世纪双虹以及美国MP公司共同出资组建的"四川虹欧显示器件有限公司",投资建设国内第一条等离子屏生产线。中国首条等离子屏生产线在四川绵阳投产,意味着长期以来日本、韩国的松下、日立、三星、LG等跨国企业在上游等离子屏产业形成的全球垄断格局已被国产品牌长虹首次打破,此举还将实质性地改变国产平板电视整机厂家的上游采购格局。

长虹多媒体(中国)营销公司总经理苏子欢介绍,2008年7月长虹等离子屏投产之后,就实现了"小批量试产",长虹在保证自身使用的基础上,也会把富余的等离子屏供应给其他国产彩电厂家。目前,TCL、康佳等众多国产彩电巨头正在积极踊跃地与长虹等离子屏工厂进行接触,洽谈采购长虹等离子屏相关事宜,众多国产彩电巨头希望通过采购成本优势明显的国产等离子屏，来齐力抗击日韩彩电品牌。

6　等离子战略在艰难中前行

　　目前在中国平板电视领域，等离子电视的销售增长速度快过液晶电视，这一局面非常有利于长虹等离子屏的销售前景。根据奥维营销咨询公司"中国等离子彩电市场 5 月份分析报告"，2008 年 5 月份等离子电视市场销量达到了 17.9 万台，环比增加 48.8%，同比增加 229.9%；2008 年前 5 月累计销售等离子电视 73.92 万台，比上年同期增长 266.1%。对于等离子介质浆料、驱动线路、核心 IC、荧光粉喷涂、障壁刻蚀、障壁涂敷等关键生产材料和工艺，长虹等离子屏工厂都能够自主生产和完成。中国本土相对低廉的人力成本、土地成本、设备成本等因素，使得长虹等离子屏与日韩等离子屏相比具备明显的成本优势，也成为其他国产彩电同行有意采购的重要原因。

　　然而，长虹的大扩张背后存在着不少隐忧。至 2006 年开始其进军上游核心部件的计划启动，与前期小规模的投资相比，长虹显然是下了血本。虹欧等离子屏项目一期投资就接近 60 亿元，OLED 面板项目投资超过 7 亿元。但是由于项目还在建设期，到目前给公司带来的利润每年不超过 8000 万元，传统 CRT 电视依然是长虹的主要利润支柱，然而这个支柱也并不稳固。

　　根据国内调查公司提供的数据，2008 年 1—8 月长虹平板电视的占有率在 5%—6% 徘徊，而海信、创维、康佳、TCL 都在 7% 以上，彩电整体销售收入长虹也已从原来的第一下降到第五。长虹内部人士告诉记者，长虹正由昔日的彩电霸主逐渐变为在成渝和西南地区拥有微弱优势的区域性品牌。

　　对等离子屏来说，现在量产或许并不是一个好时机。2007 年下半年，长虹筹备上马等离子项目时基于这样的技术判断：未来平板电视的显示技术中，等离子与液晶将平分秋色，等离子在 46 英寸以上大屏幕领域的优势会令其赢得一定的市场空间。然而，过去一年中，液晶平板在尺寸上迅速突破，原本技术上难以实现的 70 英寸以上的液晶产品也纷纷投入量产，索尼、三星的产品已在国内市场发售，夏普更推出了目前为止世界最大尺寸的 108 英寸液晶电视。由于液晶电视领域参与者众多，激烈的竞争不断拉低产品价格，市场普及更为迅速。

中国电子商会《2008年中国平板电视消费市场竞争状况及2009年消费需求趋势预测报告》显示：2008年国内平板电视需求量达1220万台，其中液晶电视1100万台，而等离子电视仅是液晶电视的一个零头——120万台。也或许正因为如此，2008年8月，LG已经全面停售中国市场的民用等离子电视，专一做液晶电视业务，目前还在中国市场销售的等离子电视属于尾货，售后问题LG依然按规定承担。日立也在2008年年内将从等离子电视用的面板生产撤退，等离子电视电路部分的生产和构造继续，面板部分将从松下进行采购，分析师称此举可能是日立退出等离子市场的信号。

在这样的市场背景下，长虹陷入了进退两难的境地。长虹等离子项目一期投资8亿美元，目前216万片的产能并不具备规模优势，但如果继续投资存在较大的风险。

此外，欧盟一道指令可能给长虹PDP项目蒙上阴影。由于电耗过高，欧盟2008年计划禁止PDP电视的销售。欧盟表示将在春季实施电视机的"最低能源表现标准"，要求强制标示最耗电的电视和最不耗电的电视。按照欧盟的观点，42英寸PDP电视一年要消耗822千瓦小时电力，而同尺寸的液晶电视只要350千瓦小时，32英寸的显像管（CRT）电视耗电量为322千瓦小时。欧盟这一政策将导致耗电量最大的电视机被淘汰出局。

但是赵勇依然坚定地将自己的票投给了等离子，他不希望自己最大的一次赌注失败。将长虹拉下水的松下派其中国公司副董事长张仲文到场对长虹表示了支持，全球范围内仅剩的两大"等离子派"只有相互抱团来抵抗来自液晶阵营的冲击。

7 作者观点

随着长虹等离子屏"欧宝丽"在2009年五一节前量产上市，千呼万唤始出来的"长虹屏"终于以惯用的低价格与消费者见面。"长虹屏"经历了2008年的"5·12"大地震，又经历了随后的"堰塞湖"抗洪事件，在国际金融危机的重重困难中，"破茧而出"，可谓是历尽坎坷。但市场是公平的，也是残酷的，甚至是缺乏同情心的，长虹的等离子项目能否成功，现在还不好说，我们只能拭目以待！

借用一首歌名来形容作者对长虹等离子战略的焦虑之情：愿赌就要服输?！

思考与讨论

1. 你认为长虹集团是否应该投资等离子，为什么?
2. 对长虹的等离子战略给予评价。
3. 找出我国企业跨国收购时频繁失败的原因，并给予建议。
4. 对于长虹通过并购的方式整合技术资源给予评价。

多普达手机的蓝海战略[*]

李 勇

摘 要 多普达公司以卓越的产品，良好的口碑，在手机市场开辟了一片蓝海。作为国产智能手机第一品牌，多普达自 2002 年创立伊始就坚定而专注地从事智能手机的研发、生产。从而摆脱现有市场的"红海"，开创了自己一片"蓝海"新空间。

关键词 多普达 蓝海 战略

1 企业背景

多普达通讯有限公司成立于 2002 年，是一家专注于生产智能手机的高科技企业。公司总部位于上海，在武汉设有生产基地，办公机构遍布全国，拥有 100 多个服务网点。

多普达公司以卓越的产品，良好的口碑，在手机市场开辟了一片蓝海。作为国产智能手机第一品牌，多普达自 2002 年创立伊始就坚定而专注地从事智能手机的研发、生产。"创新"是多普达发展的潜在动力，高品质、精益求精，是多普达不懈努力的方向。功能、技术领先，设计上无微不至，服务尽善尽美，造就了今天多普达国内智能手机的领导地位，同时也理应肩负起打造手机民族品牌、开启全新商务生活的重任。

2 国产手机生存状况

目前，我国国产手机普遍面临价格优势不明显、产品质量不高、研发能力跟不上的三大短板。2008 年 8 月以来，国产手机厂家陆续出炉的上

---

[*] 本案例由作者根据多方面资料整理而成。

半年业绩报告显示，绝大部分品牌毛利率持续下滑。目前国产手机除了之前红极一时的波导、夏新因为巨大亏损而逐渐退出大家的视野之外，目前联想手机仍然是国内继诺基亚、索爱、三星之后的第四位手机品牌，国产手机品牌的第一位，但其实际的销售业绩却不尽如人意。2007 年一季度，综合营业额减少至 1.13 亿美元。二季度销量下降 17%，综合营业额为 1.22 亿美元。联想一直想把手机业务做成其集团的第三大业务，但回顾联想手机这些年来的市场表现，似乎离这个目标已经越来越远。

另一大国内手机品牌 TCL 也明显地表现出"外强内弱"的状态。2008 年 8 月 21 日，TCL 集团交出了 2008 年的中期成绩单：尽管其手机销量实现了 60% 的增长，但是来自中国市场的销售收入增长速度依然要慢于海外市场。最重要的是，TCL 通讯在中国市场的手机销售单价出现大幅下降。从目前来看，TCL 通讯的努力似乎并没有起到立竿见影的效果——尽管 TCL 通讯推出了十几款差异化产品，但是其销售量的增长并没有达到目标。

目前国内的手机品牌大多走价格低、外壳新颖的手机红海路线，在不断降价以求市场份额增长的同时却忽略了通过不断研发创新技术以维持自身的优势，导致国产手机正面临着市场份额不断下滑的局面。

3　手机蓝海战略

2002 年，多普达成立之际，正是国内手机崛起并渐近顶峰的时候，面对国外手机巨头和强手林立的国内市场，多普达的成长和发展需要面对如何在已经成熟的通信市场占据一席之地的考验与挑战。凭借对行业的深刻理解和对产业的远见，多普达首席运营官许伟德发现目前国产手机的水平仍处于产业链的最低端，远远落后于国外手机厂商。国产手机厂商普遍停留在一般性的手机，所竞争的仅仅是价格、外形而已。而当时国内的通信市场已经成熟，IT 市场也成熟，但是市场上没有能够将 IT 产品和通信产业结合起来的产品，这个市场空白点无疑就是企业的机遇。于是多普达选择定位中高端的智能手机——电脑手机。于是，多普达并没有因为短期的利润而投身价格战的旋涡，而是开始坚定且专注地从事智能手机的研发、生产。当部分国产手机厂商仍在强调产品性能和质量时，多普达在国内成功闯出一片"蓝海"：在国内智能手机厂商中是唯一一家全线产品使用 Windows mobile 操作系统的，所占的国内智能手机市场份额仅次于诺基亚。到 2006 年下半年，中国移动等运营商定制的高端手机产品中，几乎都是清一色的国外手机品牌，多普达多次成为唯一入选的国产手机品牌。

手机蓝海战略是多普达的核心资源。所谓手机蓝海战略，并不仅仅指企业产品技术、科技的创新，而是价值创新。要求舍弃热点，不参与手机的价格混战，不去瓜分趋于萎缩的低价市场；不生产技术含量不高的产品；挖掘巨大的潜在需求，生产高端的智能化手机，提升消费者的消费档次和消费品质；把握市场具有强大生命力的移动商务发展方向，解决用户移动办公和通信的需求；将客户群定位于高端消费的商务人士、时尚消费群体以及行业领域的客户。从而摆脱现有市场的"红海"，开创了自己的一片"蓝海"新空间。

多普达前 CEO 李绍唐认为，中国市场之所以有如此激烈的红海竞争，是因为中国市场缺乏价值创新，只是在模仿。多普达的蓝海在于它的价值创新，价值创新不是技术创新，价值创新就是说用户需要手机能帮他做什么事。你的产品可以给客户创造附加值，这就是价值创新。比如说欧美的智能手机已经可以把 X 光片放在里面，可以将血液、脉搏、血压数据通过手机传给医生，医生就告诉病人去哪里买药，这就不一定到医院去看病了，从而降低社会的成本。多普达的蓝海就是怎么将微软操作系统跟使用者界面整合。微软精通的是操作系统，多普达精通的是使用者界面，如何把操作系统和使用者界面做成一个无缝隙的结合，这是我们的蓝海。

为了更有效地树立品牌，多普达采取了一种聪明的方法。多普达从开始就得到国际巨头例如微软和英特尔等的极大关注和支持，彼此紧密结合，除了可以获得技术方面的有力支持外，借助国际巨头的品牌知名度去带动当时默默无闻的多普达品牌，对于创业初期的多普达来说是很重要的一步。这使得创业初期的多普达在成功进军智能手机市场上打响了第一炮，也为日后的长久发展构筑了牢固的基础。

4　渠道商云集

为了把"蓝海战略"转变为"蓝海执行"，李绍唐把进攻重心放在三大支柱性业务上，即运营商、行业用户和渠道商。

在多普达原来的销售体系中，运营商定制占有很大一部分，中国移动给其他任何一家国内手机厂商的采购比例都没有像多普达这样大。在多普达 2005 年推出的所有新品中，除了一款产品，其他所有手机都是中国移动定制的"心机"。有数据显示，在广东，采用定制模式销售的多普达手机占广东市场销售总量的 80%，在上海和北京分别达到 60% 和 40%。

然而，随着手机牌照制度的开放，将有越来越多的手机企业参与运营商定制渠道的竞争，多普达要继续维持以定制为主的高增长态势，将要面临着诸多考验。在李绍唐看来，多普达显然不能仅依靠定制渠道增加销售量。作为消费产品，手机终端是直接面向市场用户的。

目前多普达的渠道三线并进。与其他国产手机厂商决然不同的是，多普达已经实现了以运营商为主导的渠道模式，通过与运营商合作捆绑销售的多普达智能手机已经达到多普达总销量的 40% 以上。此外多普达通过代理销售的模式也完成了近 40% 的销售任务，而其余的份额则由行业大客户所占据。公司高层表示，2008 年多普达将继续和运营商开展定制方面的合作，但同时也将拓展更多的终端销售渠道，"因为渠道为王"。

5　拓展行业运用

行业用户是多普达一直非常关注的。凭借对产业发展的深刻洞察，多普达提出了未来移动通信产业以应用、内容与服务为核心的理念。在这一理念的指导下，多普达在中国智能手机市场默默耕耘的同时，全力打造在个人领域、企业与商务领域及行业领域移动智能通讯终端的应用环境。多普达在为市场提供优秀产品的同时，也开发出一大批优秀的移动智能应用解决方案。同时，多普达还以博大的胸怀和胆识，广结合作伙伴，努力为整个产业链的共同成长和繁荣搭建起一个具有广阔前景的平台。也正是因为多普达不懈的努力，人们已经看到了移动通信产业未来的端倪，并广泛接受了应用主导的未来通信产业模式。例如，多普达与北京市政府以及北京移动合作的"城管通"项目，已经在全国 10 个省市积极推进行业应用。多普达智能手机已经成为城市信息化管理的基石。在已经向全国推广的北京市东城区"万米单元网格管理法"和"城市部件管理法"中，智能手机担负着信息采集、处理、反馈的重任。在移动信息化系统的支持下，传统行业如汽车行业的销售人员，将摆脱店面的限制，可以直接上门与客户进行洽谈。在智能手机的支持下，销售人员可以为客户提供详尽的产品数据，还能通过智能手机为客户进行多媒体演示。用户甚至能够当场下单，通过智能手机的处理和移动通信网络及后台系统的支持，客户可以完成以往必须四处奔波且在店面才能完成的复杂的商业交易活动。这不但大大改变了传统的商业模式，更将传统商业模式无法涉及的社会生活的每一个角落纳入一张全新的大网之中，创造出更多的商业机会。移动信息化应用也已经应用在制造业之中。穿梭于工厂和物流中心的管理人员，通过手中的智能手机便能够对生产、物流等情况了如指掌，而这些信息也会通过移动网络实时反馈给公司的信息平台和决策部门。在煤矿等大型生产企业，基于多普达智能手机的预警系统，也正在发挥着重要的作用。井下监测的数据一旦达到警戒区域，警报和相关信息就会即刻发送到相关负责人的手机上，为煤矿安全生产提供了更高的安全保障。

多普达公司力求与产业链上下游厂商共同建立一个健康的、拥有巨大发展空间的产业环境，并与众多业内实力雄厚的领导企业建立了强大的战略伙伴关系。此外，多普达还致力于为智能手机产业营造更良好的业内合作环境，众多的开发商、系统集成商和增值服务提供商都与多普达结成了不同层次的合作关系，推出了一系列优秀的移动应用解决方案。

6 追赶 iPhone

目前，国内的智能手机市场处于高速发展阶段，其销量从 2003 年开始便以超过 100% 的速度高速增长。同时，3G 即将兴起，未来世界就是无线的世界，多普达正代表着移动通信产业的发展方向。假以时日，多普达将成为智能手机品牌第一、市场占有率第一和成长率第一的市场冠军企业。

但是随着国际大品牌的跨行业发展，智能手机市场到处硝烟弥漫。先是 iPhone 在苹果迷们的期盼下发布，接着技嘉这样一家传统的 IT 企业也发布了智能手机新品，Google 会发布手机的消息被炒得沸沸扬扬，难辨真伪。多普达曾经引以为傲的这片"蓝海"，已不再是没有竞争和厮杀的净土。

毫无疑问，iPhone 正在悄悄掀起一场手机业的滔天巨浪。NPD 集团分析师 Ross Rubin 说："最近几年都没推出畅销产品的摩托罗拉可能受创最重，三星、LG 甚至诺基亚也会失去一部分市场份额。高端、时尚手机将受的冲击最大。"为了赶上 iPhone 的技术水平和图形表现能力，手机制造厂商们正在积极研究应对策略。多普达 COO 许伟德说，他们正在联合去年在全球售出 300 万部触摸屏手机的战略合作伙伴——台湾宏达电子（HTC）推出一款专门针对 iPhone、面向全球发行的新机型。

iPhone 除了不断影响着多普达的产品策略之外，同样影响了多普达手机的定价策略。许伟德说，"Touch Diamond"的定价除了考虑该款手机在多普达产品系列中的定位和水货的影响，多普达还重点参考了 iPhone 以及其他竞争对手产品的定价。

第一代 iPhone 面世时，诺基亚内部曾计划今年推出一款针对 iPhone 的产品，不过 3G 版 iPhone 的低价策略打乱了诺基亚的计划，这款产品至今也没有正式面世。诺基亚内部正在积极研究对策，新产品可能将于年底上市。

在 iPhone 面世之后，其主要竞争对手、全球重要的智能手机厂商 RIM 也改变了其竞争策略，开始从企业级应用市场向"消费化"产品转变。而在 3G 版 iPhone 面世后，向来在中国水土不服的 RIM 中国公司也一改往日的低调作风，主动召开新闻发布会，准备与中国移动就第二款黑莓手机进行合作。

iPhone 改变了全球智能手机产业的风向。在集成了手机、浏览器和音乐播放器为一体的 iPhone 发布之前，大多数手机只能访问简化版的网站，因为基于 Web 的网页有大量图片，下载时间较长，而且在手机屏幕上阅读也存在不便，iPhone 的成功吸引了其他手机制造商竞相效仿。

7　进军低端市场，多普达战略转变突破市场尴尬

2008 年，一向致力于高端智能手机制造的多普达宣布和中国联通合作，首次推出两款低端 CDMA 手机。新手机以新品牌"威智达"命名。多普达首席运营官许伟德表示，希望借助威智达的推出，全面开拓中低端产品市场。多普达与联通合作，可以为用户提供更具个性化的产品和网络内容服务，这也预示多普达将转变战略，开拓新市场，平民化、定制化的手机已经成为其未来突破的重点。

此次，多普达专门推出威智达手机，进军低端手机市场，这和多普达所面临的严峻形势是分不开的。多普达在智能手机市场上受关注度很高，

但专注智能手机市场多年，走高端路线的多普达手机的销售额和市场占有率却和关注度不匹配，手机产品"叫好不叫座"已经成为多普达面临的最大问题。

多普达在营销上，主要采用了捆绑运营商的模式，但是在近期，捆绑运营商这条渠道销售量有大幅度的下降。这可能是由于运营商大力开发二、三级市场，因此采购了大量的低端手机应对农村市场有关。而多普达手机由于产品定位和价格问题，不适合二、三级市场，因此被运营商所冷落。在过去的一年多时间里，不受运营商青睐的多普达智能手机在营销中没有太大的起色，而在激烈的手机市场竞争中"原地踏步"即意味着"不进则退"。这对多年来一直专注智能手机市场的多普达来说并不是一件好事。

多普达首席运营官许伟德曾多次提到要抓住"3G 时代的机会"，显然，在即将到来的 3G 时代，多普达不愿意只为一小部分高端人群服务，因此低端手机市场成了多普达的新突破口。此次借助中国联通进军低端手机市场，被认为是多普达转变战略、开拓新市场的重要的一步棋。多普达转变战略、进军低端手机市场对其开拓市场大有帮助。面对 iPhone 如此强大的竞争对手，多普达必须不断通过技术研发提高手机性能以及及时改变市场策略才能够应付。

其次，威智达手机是作为中国联通定制的产品推出的，这对多普达巩固其捆绑运营商这一主要营销渠道大有益处。未来运营商在通信产业链中的地位将愈加强大，其完善的渠道网络将对手机销售起到重要作用。现在国内四大运营商都在布局定制手机，以便应付即将到来的 3G 时代。赛迪顾问数据显示，2007 年通过运营商渠道销售手机的份额已由 2006 年的 17.8% 上升至 2007 年的 18.9%。运营商为了争夺新用户、挽留老用户、推广数据业务以及加快将来 3G 业务的发展，积极发展手机定制业务。多普达如果能抓住这个机会，就能很好地弥补在营销渠道上的劣势。

最后，借助低端手机，能让更多的人了解多普达这个品牌。以往多普达产品多以智能、高端的品牌形象示人。普通消费者虽然对多普达手机兴趣很大，但高端的品牌形象，无形中会使消费者有"望而却步"的感觉。多普达推出的低端手机无疑有助于提升对消费者的亲和力。

联合运营商，推出低端手机，只是多普达为扭转局面走出的第一步，未来，多普达要想进一步巩固、提升其在手机市场上的份额，就必须把握好手机产品平民化、定制化的趋势。

智能手机价格一直相对较高，甚至有些厂商似乎乐此不疲，心甘情愿地将智能手机"自绝于人民"，使智能手机陷入价格虚高、功能过剩、游离于主流市场之外的怪圈。

以智能手机见长的多普达，应该在保持产品智能化性能的基础上，把产品功能、价格向平民化靠拢。多普达要通过在产品设计、价格定位、应用功能开发等方面的努力，让智能手机不再高高在上，而是回归本位，走向平民化。

目前，移动业务日趋复杂多样，终端和业务之间的关系将密不可分，移动终端的销售就意味着移动通信业务的销售，因此移动运营商加强了对手机的定制。在此背景下，多普达要抓住运营商加强手机定制化的趋势，进一步加强与运营商的"捆绑"，生产出适合运营商需求的产品，借力运营商做好产品销售推广。

一路走来，多普达始终专注于代表未来 3G 移动时代的智能手机的研发与制造以及智能手机相关的内容、服务和产业上，走出一条与其他移动通信终端制造商完全不同的发展之路。

8　作者观点

价格战——作为国内企业最擅长用的竞争手段，曾经屡试不爽，在各个行业取得了骄人的战绩。但越来越恶化的商业环境，越来越同质化的产品，越来越微薄的利润空间和企业可持续发展的动力，便是价格战或低价倾销带来的恶果。多普达算是国内民族企业的另类，从企业发展初期就注定要走出惨烈的"红海"，直接进入"蓝海"，走出了一条截然不同的发展之路。在"蓝海"里"戏水"，企业不仅要有过人的韬略，而且还要有过人的水性。

思考与讨论

1. 如何评价多普达手机的蓝海战略？

2. 面对 iPhone 如此强大的竞争对手，请对多普达的战略转变给予评价。

3. 请对 iPhone 和多普达为各自智能手机所制定的战略作比较。

奇瑞汽车集团的竞争战略研究[*]

李 勇

摘 要 从 1999 年 12 月 18 日，第一辆奇瑞轿车下线。到 2007 年，达到年销售 38.1 万辆，奇瑞汽车用不到 10 年的时间完成了发达国家汽车巨头几十年才走过的路程。奇瑞的成功，离不开集团的自主创新策略。奇瑞公司自 1997 年正式成立以来，一直坚持以"聚集优秀人力资本，追求世界领先技术，拥有自主知识产权，打造国际知名品牌，开拓全球汽车市场，跻身汽车列强之林"作为企业的奋斗目标。除了坚持自主创新战略之外，奇瑞还采取走出去的战略，保持连续五年轿车出口量位居全国第一；并先后与美国量子公司成立了合资公司，与克莱斯勒集团签署了战略合作协议，与菲亚特集团签署了《谅解备忘录》，在泰国成立合资公司，这一系列动作显现了奇瑞的国际化决心。

关键词 奇瑞 竞争 战略

1 奇瑞公司背景

奇瑞汽车股份有限公司 1997 年 1 月 8 日注册成立，注册资金为 32 亿元，1997 年 3 月 18 日动工建设，1999 年 12 月 18 日，第一辆奇瑞轿车下线。2007 年 8 月 22 日，奇瑞公司第 100 万辆汽车下线，标志着奇瑞已经实现了通过自主创新打造自主品牌的第一阶段目标，正朝着通过开放创新打造自主国际名牌的新目标迈进。

2007 年销售 38.1 万辆，比 2006 年增长 24.8%。2007 年，奇瑞汽车出口 11.98 万辆，海外市场再次实现翻番，销量增加了 132%，轿车出口

---

* 本案例由作者根据多方面资料整理而成。

量连续五年居中国第一。

奇瑞公司自成立以来，一直坚持发扬"自立、自强、创新、创业"的精神，坚持以"聚集优秀人力资本，追求世界领先技术，拥有自主知识产权，打造国际知名品牌，开拓全球汽车市场，跻身汽车列强之林"为奋斗目标，在激烈的市场竞争中，不断增强核心竞争力。经过十余年的跨越式发展，奇瑞公司已拥有整车、发动机及部分关键零部件的自主研发能力、自主知识产权和核心技术，已成为我国最大的自主品牌乘用车研发、生产、销售、出口企业，为应对市场竞争和快速发展奠定了一定的基础。

奇瑞公司现有轿车公司、发动机公司、变速箱公司、汽车工程研究总院、规划设计院、试验技术中心等生产、研发单位，具备年产整车 65 万辆、发动机 65 万台和变速箱 40 万套的生产能力。现已投放市场的整车有QQ3、QQ6、A1、瑞麒 2、旗云、开瑞 3、A5、瑞虎 3、东方之子、东方之子 Cross、A3 十一个系列数十款产品。截至 2007 年年底，奇瑞公司拥有员工 19321 人，总资产达到 237.15 亿元。

作为立志走"自主创新"道路的奇瑞公司，早在产品上市之初，就确立了"'顾客满意'是公司永恒的宗旨，为顾客提供'零缺陷'的产品和周到服务是公司每位员工始终不渝的奋斗目标"的质量方针，并于2001 年 2 月顺利通过 ISO9001 国际质量体系认证。2002 年 8 月，公司又在国内同行业率先通过了德国莱茵公司 ISO/TS16949 质量管理体系认证。质量上的常抓不懈，使奇瑞产品质量不断提升，并荣获由人事部、国家质量监督检验检疫总局联合授予的"全国质量工作先进集体"称号和中国质量协会评定的最高等级"中国 21315 质量信用 AAA 等级"企业称号。

奇瑞公司从发展初期就注重开拓国外国内两个市场，本着"无内不稳，无外不强，以外促内，形式灵活"的市场原则，积极实施"走出去"战略，成为我国第一个将整车、CKD 散件、发动机以及整车制造技术和装备出口至国外的轿车企业。2006 年被商务部、发改委联合认定为首批"国家汽车整车出口基地企业"。目前奇瑞已向全球 70 余个国家和地区出口产品，乘用车出口量连续 5 年稳居中国第一。2007 年，奇瑞还先后与美国量子等企业建立合作合资关系，开创了中国汽车工业跨国合作的新阶段。

经过几年的持续改进和不断完善，奇瑞公司的品牌形象和企业形象得到迅速提升。2006 年 10 月，"奇瑞"被认定为"中国驰名商标"，并入选"中国最有价值商标 500 强"第 62 位。同年 11 月，奇瑞公司被美国《财富》杂志评为"最受赞赏的中国公司"第 11 位，成为我国唯一一家进入此排行榜前 25 位的汽车制造企业。2007 年 6 月，奇瑞公司入选 2007年度"最具全球竞争力中国公司"20 强；同年 12 月，入选"发展中国家100 大竞争力企业"。2008 年 7 月 28 日，奇瑞公司被科技部授予"创新型企业"称号，成为我国首批创新型企业。

2　奇瑞汽车的自主创新道路

奇瑞公司从成立之初，就一直进行自主知识产权的汽车及其关键零部件产品与技术的开发。"自主创新，世界一流，造福人类"是奇瑞公司的奋斗目标：要自主自立，就要充分利用各种资源，创造汽车行业先进的技术和管理方法，掌握更多的专利技术；要在产品品质、技术、经营业绩、管理、品牌等方面进入世界一流企业的行列，才能成为受世人尊敬的企业。

目前，奇瑞集团主要生产三种主要的车种：乘用车、商务车和特种车。奇瑞集团的成功不仅仅是企业自身的成功，更是中国自主研发品牌汽车的成功。奇瑞的成功，离不开集团的自主创新策略。奇瑞公司自 1997年正式成立以来，一直坚持以"聚集优秀人力资本，追求世界领先技术，拥有自主知识产权，打造国际知名品牌，开拓全球汽车市场，跻身汽车列强之林"作为企业的奋斗目标。

2.1　通过特有模式，积累产品开发经验，培养骨干队伍

奇瑞通过"走出去"、"请进来"、"两头在外、中间在内"的独特模式，积累了产品开发经验，培养了骨干队伍。

（1）走出去——联合开发，牢牢掌握核心技术。

自主开发不等于自己开发，中国创造不等于"闭门造车"。奇瑞公司以创新的思维，在发动机研发的基础上，创造出一整套行之有效的自主研发的方法，并将这些方法延伸到其他研发领域。在发动机开发过程中，奇瑞的合作伙伴是世界上著名的发动机开发公司奥地利 AVL 公司。公司高层的要求之一，就是奇瑞公司的产品开发人员必须全过程地参与开发，并有参与设计、试验、装配、标定等人员的培训计划。在整车的开发过程

中，也有大量的人员培训计划，奇瑞的工程师和设计公司的工程师共同工作。

（2）请进来——联合开发，培养自己的研发队伍。

奇瑞公司以完全掌握汽车整车及发动机的核心技术为目标，除派出大批工程师出国参加了发动机的全过程开发外，还请国外顶级设计公司人员到奇瑞公司来工作，由他们负责项目管理，带领年轻人共同完成设计，锻炼自己的工程师队伍。

（3）创新开发观念——两头在外，中间在内。

奇瑞公司将鲁迅关于"拿来主义"的精髓运用到汽车开发工作实践中，"拿来"—吸收—再创新。公司将汽车开发分成多个部分，请设计公司完成概念设计，奇瑞公司完成工程设计，最后再请设计公司审查、把关。该分则分，该合则合。为了降低成本，与设计公司洽谈时，奇瑞公司总是把一个或几个平台的车型，集中与一家谈判，通过数量的增加，降低开发成本。根据每家设计公司的优势和劣势，分开签订不同阶段的合同，来达到优化设计的目的。如意大利设计公司擅长造型，奇瑞就请他们做造型。但试验则寻找专门进行试验的公司，如英国的试验公司。底盘的开发工作非常复杂，既有前期的设计，也有后期的调校。奇瑞也是寻找世界上最有经验的公司，帮助进行底盘的分析和设计参数的调整，最终达到最优化的效果。

2.2 逐步积累形成具有自身特色的研发体系

奇瑞经过逐步积累，形成了具有自身特点的研发体系。其特点主要表现在以下方面。

（1）建立以汽车工程研究总院为核心、协同各方资源合作开发的新模式。

在产品研发上，奇瑞公司建立了以汽车工程研究总院为核心，以上海、北京等国内分院和东京、都灵等海外分院为支撑点，以一批控股设计公司为骨干，与关联零部件企业和供应商开展协同设计，同时兼顾与国内大专院校、科研院所展开合作的产品研发体系，目前已经形成了从整车、动力总成、关键零部件设计到试验试制的比较完整的开发体系，建立了自己的标准体系和数据库。根据优势互补、利益共享的原则，奇瑞公司与全球汽车业界及关联行业、领域，采用多种方式，建立广泛的双边、多边合作关系。

（2）整合国外资源，到科技发展最前沿地区建立研发机构。

在世界汽车技术的最前沿成立奇瑞自己的研发设计公司，是奇瑞整合资源的重要做法。意大利是汽车造型设计的圣地，奇瑞公司在那里投资成立了整车造型设计、汽车工程设计及设计咨询公司，聘用高级造型设计、工程结构设计工程师和设计项目管理专才，将国际上先进的汽车设计理念引入到奇瑞的新车型的设计过程中。世界上自动变速箱的开发和制造技术几乎被几大汽车集团所把持，一直是我们国内的弱项，国外的公司长期以来只提供成熟产品，不提供和转让任何技术，走自主研发自动变速箱将成为奇瑞必须走的唯一途径。奇瑞在澳大利亚投资成立自己的公司，聘用了20多名外籍技术专家，形成自己的自动变速箱设计及结构设计、设计咨询能力。为了提升公司的制造工艺水平，特别是满足生产现场技术水平提升的需要，奇瑞在日本成立研发、咨询公司，整合日本汽车开发、生产管理的资源，寻求在日本的汽车专业人才、选派人员前来公司，以促进生产现场技术水平提高。通过整合国外的资源，从而大大提升了奇瑞汽车整车自主研发的能力，同时也降低了开发成本。

3 奇瑞的国际化战略

奇瑞公司从产品上市伊始就注重开拓国际、国内两个市场，本着"无内不稳，无外不强，以外促内，形式灵活"的原则，积极实施"走出去"战略，成为我国第一个将整车、CKD 散件、发动机以及整车制造技术和装备出口至国外的轿车企业。2001 年年底，奇瑞公司开始出口轿车到叙利亚，当年仅出口 10 辆，随后每年成倍增长。截至 2006 年年底，奇瑞公司产品出口已覆盖 50 多个国家和地区，并分别在俄罗斯、伊朗、埃及、印尼等 6 个国家建立了 7 家 CKD 工厂。2006 年 8 月，奇瑞公司被商务部、发改委联合认定为首批"国家汽车整车出口基地企业"。2006 年奇瑞公司出口超过 5 万辆，连续四年保持国内乘用车出口第一。2007 年，奇瑞汽车全年总销量实现 38.1 万辆，增幅达 24.8%。这一年，奇瑞汽车也经历了不平凡的一年。第 100 万辆汽车下线；出口 11.98 万辆，较上年猛增 132%，海外市场销量连续三年实现倍增，连续五年轿车出口量位居全国第一；在研发方面，全年共获专利 1058 项，其中发明专利 240 多项。

尤其值得一提的是，在对外合作上，2007 年奇瑞汽车更是给中国汽车工业带来了惊喜，同时也彰显了奇瑞汽车国际化战略的勃勃"野心"。与美国量子公司成立了合资公司，年产将达 15 万辆；与克莱斯勒集团签署了战略合作协议，在未来五年内产销将达 50 万至 60 万辆；与菲亚特集团签署了《谅解备忘录》，将成立合资公司，生产菲亚特品牌、阿尔法·罗米欧品牌和奇瑞品牌。更值得关注的是，奇瑞汽车的合资合作模式与 20 年来中国汽车工业的合资模式完全不同，它完全是以"我"为主，使中国汽车第一次实现了技术输出，中国汽车以"技术换市场"的方式走出了国门，一举改变了 20 年来中国汽车产业以"市场换技术"的局面。有评论认为，奇瑞汽车的合资合作模式，开启了中国汽车工业的"后合资时代"。

最引人注目的莫过于奇瑞与克莱斯勒汽车的联姻。2007 年 7 月 4 日上午，北京钓鱼台国宾馆，中国奇瑞汽车有限公司与美国克莱斯勒集团正式签署战略合作协议。根据协议，双方将利用奇瑞在中小型汽车产品开发、生产制造以及成本控制方面的能力和克莱斯勒公司品牌影响力、市场营销方面的优势，开拓北美和欧盟等主要国际市场。克莱斯勒与奇瑞这种基于"优势互补，合作共赢"的战略合作模式无疑是跨国合作的一条新思路。据悉，克莱斯勒公司将从奇瑞已开发的和正在开发的产品中选取几款产品进行局部改型后，以克莱斯勒旗下的品牌进入北美和欧美市场；双方还将在奇瑞小型车平台上共同开发参与全球竞争的新产品。其中首款挂道奇商标的小型车在 2007 年圣诞节前后在海外发布，12 个月内在拉丁美洲及东欧市场首先上市，目标是要占领这些地区小型车 20% 的市场份额。

全球金融海啸当前，奇瑞的国际化战略并没有停滞。2007 年 11 月 14 日，奇瑞汽车与泰国奇瑞荣创有限公司签署合作协议，由泰国奇瑞荣创出任奇瑞在泰国的独家代理商，以 SKD 形式组装生产奇瑞汽车。作为中国最大的独立汽车制造商和中国汽车海外出口"一家独大"的自主品牌，奇瑞这次在泰国的合作项目体现了其"国际化＋自主技术"的长期发展战略。泰国是东盟一个巨大的汽车市场，年销售量达到近 65 万辆。泰国奇瑞荣创由泰国正大集团和荣创集团合资成立。正大是世界上最大的农牧工商一体经营公司，荣创是泰国最大的欧系车组装、分销、零售商。泰国奇瑞荣创将在泰国及其他东南亚市场销售由其组装生产的奇瑞汽车，初期的年产量预计是 5000 辆，主打车型是奇瑞 QQ 和瑞虎。

奇瑞汽车自 2001 年上市后，当年叙利亚客商就主动要求进口，随后一批奇瑞风云轿车顺利出口到叙利亚。此后，奇瑞公司精心打造专业外销队伍，各种汽车以翻番速度迅猛进入国际市场。目前，奇瑞汽车已经在俄罗斯、乌克兰、伊朗、埃及、印尼、乌拉圭、马来西亚 7 个国家建立 8 家工厂；国际合作遍布整个汽车产业链：2007 年，奇瑞先后与 PPG、埃克森美孚、西门子威迪欧、博世、阿文美驰等世界 500 强企业建立零部件技术合作关系。奇瑞的国际化战略收到了明显效果，奇瑞在海外市场已呈现两大特点：出口产品结构变优，瑞虎、东方之子、A5 车型所占比例明显扩大，已超过全部出口产品的 50%；出口数量逐年上升并已连续 3 年倍增，连续 5 年保持全国出口第一，2007 年共出口汽车 119891 辆，比上年同期增长 164.7%，2008 年出口将可望突破 18 万辆。截至 2008 年 9 月底，奇瑞汽车已累计出口汽车 31.12 万辆。

经过这几年的探索，奇瑞公司已从一开始的被动接受订单，到现在的细分海外市场，运用商务政策加强对海外经销商的管理，强化售后服务。奇瑞轿车以其优美的造型、较好的质量、极具竞争力的价格和周到及时的服务赢得了国外用户的青睐，奇瑞品牌的知名度、美誉度也在不断提升。这些都为奇瑞公司更大规模地出口奠定了坚实的基础；也使奇瑞公司对出口市场更有信心，出口战略更加清晰。

4 作者观点

企业自主创新与开放创新并不对立。开放创新作为全球化和知识经济背景下技术创新的常态，是企业在实施自主创新战略时可以采用的有效手段。企业技术创新战略应随着外界客观条件及企业自身技术状况变化而调整企业在自主创新过程中既要坚持自主开发的方向，也要不断改进完善开发体系与流程。奇瑞的成功，源自他们对现代汽车制造业先进理念的深刻理解，源自对自主开发内涵的准确把握。与一些民营企业靠"钣金工"开发产品的做法不同，奇瑞一开始就选择了一条高起点、国际化的产品开发和制造模式，从企业的组织形式、生产的控制体系到产品开发流程与体系，都适应了现代汽车工业技术进步与市场竞争的要求。

思考与讨论

1. 奇瑞汽车集团战略的侧重点在什么地方？有何特点？

2. 作为一家国有企业，你是否认为奇瑞也面临这国有企业的一些问题？应该如何面对挑战？

3. 受全球金融风暴的影响，作为国产汽车，应采用怎样的策略来应对？

4. 奇瑞汽车在国际化战略的过程中存在哪些风险，应该如何应对？

5. 你是如何看待奇瑞与克莱斯勒的联姻的？奇瑞在这种关系中应该保持怎样的姿态？

夏新电子的未来在何方

杨 刚

摘 要 一个被 ST 的企业，夏新电子凭借着当年手机业务异军突起，实现了"咸鱼翻身"，其曾经发展的势头之猛、业绩飙升之快，让许多人不得不为之瞠目。然而如今的夏新走到了生死边缘，无论是退市还是重组，5 年 3G 方面的投入是否付之东流？

关键词 发展战略 夏新

引言

2007 年 12 月 22 日，夏新电子宣布其总裁李晓忠辞职，原长城电脑副总裁卢振宇将正式出任这一职务。李晓忠辞职后，将转任公司总工程师一职。此前一天，夏新电子独立董事陈汉文宣布离职。

一个被 ST 的企业，夏新电子凭借着当年手机业务异军突起，实现了"咸鱼翻身"，其曾经发展的势头之猛、业绩飙升之快，让许多人不得不为之瞠目。而此前，2007 年 10 月 29 日，夏新电子发布当年第三季度财报，其中显示亏损近 1.1 亿元人民币，同时也对外预告称，全年将出现亏损。2007 年 8 月，夏新电子中报显示巨亏 3.5 亿元，上半年的净利润为负增长，比上年同期减少 42%。

人们不禁要问：在卢总的带领下，夏新未来之路会怎样？

1 手机行业现状

1.1 市场概括

2007 年中国手机市场竞争激烈，从低端市场的短兵相接，到高端市场的开启；从区域市场的打响，到各品牌新战略的发布，手机市场呈现出良好的发展态势。各大手机厂商采用不同策略推动市场发展，导致品牌竞争激烈。诺基亚推动娱乐市场战略并涉足互联网服务领域，索尼爱立信弥补智能手机软肋，三星放下架子攻低端，摩托罗拉发展受阻，其他国外品牌如 LG、飞利浦等表现不佳。多普达锋芒毕露，其他国产品牌市场表现低迷。手机市场再现黑马，苹果高调入市，魅族、纽曼先后进入手机市场。音乐手机、智能手机、高像素拍照手机、触摸屏手机、游戏手机等充分反映了 2007 年手机市场向娱乐功能竞争的转型。在这一过程中，手机逐渐转化成娱乐的载体。调查显示，2007 年区域市场成为厂商竞争的焦点，各大品牌渠道下渗，向三、四级乃至更低的区域市场延伸，并与"黑手机"对抗。

1.2 竞争格局

2007 年，整体品牌竞争格局保持稳定，诺基亚获得市场最多的关注比例，超过索尼爱立信、摩托罗拉与三星三个品牌的关注比例之和。国内品牌无力应对，关注份额日渐萎缩。新品牌进入市场，对整体市场的影响尚不明显。有分析预测 2008 年诺基亚继续攀高，有望夺得大半江山。三星与摩托罗拉胶着之势明显，但二者在争夺过程中三星将胜出。国内品牌多普达锋芒毕露，2008 年将成为国内品牌的领军者。

2007 年，诺基亚的产品策略围绕着其领导品牌地位而进行。索尼爱立信重点在于补缺产品线，扩大在其他产品方面的缺失，这也是索尼爱立信 2008 年市场战略重点。三星在 2007 年作为挑战者出现，并取得一定成绩。摩托罗拉竞争力下滑，并以一个跟随者的身份出现。在 2008 年，重新取得一线领导者地位是摩托罗拉的奋斗目标。

音乐手机初期在容量方面为用户所诟病，但是在 2007 年，2GB、4GB 乃至更高容量的机型不断上市，给音乐手机市场注入活力，使其市场关注比例在 2007 年第四季度反弹。智能手机 2007 年实现三级跳，市场关注比例上升。200 万像素拍照手机主导市场，也受到市场更多的关注。

2007 年，2000 元以下中低端手机占大半江山，但高端产品关注度上升明显。音乐与智能手机均价差距缩小至 647 元。ZDC 预测：2008 年手机市场消费将向中高端市场转移，4000 元以上产品关注比例在 2008 年有望超过 10%。

市场预计 2008 年将是手机市场竞争激烈、产业链联系更为紧密、中间渠道商利润再遭挤压、产品终端百花齐放的一年。

2　夏新发展概况

2.1　历史转型

夏新电子股份有限公司是以研发、生产、销售移动通信终端产品为主营业务的移动互联商务服务商，成立于 1997 年。

在 22 年的成长过程中，回眸夏新的轨迹，从电视机到录像机，再到 VCD、DVD，一直到现在的手机、数码产品、笔记本……每一次的转型都引发出一场大喜大悲。

作为厦门市最早的中外合资企业，夏新成立于 1981 年，早期的业务是组装一些电子产品，如黑白电视机等。1993 年起，夏新趁着录像机热开始进军家电业，生产录像机。在进入家电业的时间上，夏新并不算晚。

1997 年，夏新开始考虑市场转型，这也是它命运的第一次跌宕起伏。当年，夏新投产 VCD 并一举进入 VCD 企业前三名，"夏新电子"成为中国影碟机市场的风云企业，初期，获得了极其丰厚的利润，1998 年夏新在上海证券交易所挂牌上市，充实了资本的同时，夏新也成为知名品牌。

但到了 1999 年年底，由于主营业务错过利润丰厚期，影碟机市场迅速饱和，整个 VCD 行业迅速衰退，夏新的主营业务出现大幅下降，1999 年每股收益迅速下降至 0.11 元，2000 年和 2001 年连续两年巨额亏损后，夏新被列为 ST——夏新再一次遭遇发展瓶颈。

在那时，手机几乎成为国内最暴利的产品。为了尽快率领夏新扭亏突围，临危受命的李晓忠上任后决定上马手机项目，从以影碟机为主转向以手机为主的经营策略。市场果然没有让夏新失望，手机给夏新带来了丰厚回报，转型第一年就以 24 万台的销量位列国产手机型号四强，A8 手机一经面市便好评如潮。"一款手机救活一个企业"的佳话在业界广为流传，手机业务顺理成章地成为继影碟机后的第一大支柱产业。ST 夏新也在连续两年亏损后扭亏，以 60693.85 万元的净利润、68.25% 的净资产收益率成为国内上市公司产业转型的典范。

在夏新手机利润疯长的同时，历史似乎又在重演：国内手机市场竞争日益激烈、"夏新"成为手机产品的代名词、企业主营业务单一、品牌局限大、后续业务缺乏等成为夏新继续发展的隐患。再加上国产手机的发展也将面临巨大发展瓶颈，从不惜成本的扩张到杀鸡取卵式的恶性竞争，造成整体市场环境的破坏，使得缺乏核心技术的企业难以形成长久竞争力。

因此，寻求手机以外新的利润增长点，就又一次成了夏新面临的挑战。

2.2　最近状况

夏新致力于把最前沿的无线通信技术融合到时尚的手机产品中，经过多年的积累和培育，夏新的研发实力无论是在 2.5G 手机还是在 3G 手机上都在国产手机中居于领先的位置。夏新推出的音乐手机、GPS 手机、智能手机、3G 手机等系列个性化产品，受到国内消费者的普遍认可。

夏新在全国拥有 7 个大区、5 个销售分公司、23 个区域营销中心，并大力发展行业销售和运营商定制，在中移动 TD-SCDMA 终端招标中，夏新屡获订单，成为国产 3G 手机的领跑者。在海外市场，夏新已在美国、新加坡、英国、比利时等地设立分公司，并和多家排名全球前十的运营商建立战略合作伙伴关系，为其提供 3G 手机和智能手机的定制生产服务。以务实和注重自有品牌的海外拓展为主要特色，夏新正逐步实施国际化战略。

夏新目前拥有员工近 6000 余名，公司总资产达 32.5 亿元人民币，并拥有一支 750 人的研发队伍，在厦门、上海两地设立了研发机构，是目前国内手机行业设计与研发最深最广的品牌之一。

夏新未来将重点发展中高端产品，以品牌管理、产品管理和销售管理为三大核心任务，在此基础上打造夏新的核心竞争力，使夏新成为国产高端手机的第一品牌，进而使夏新成为中国一流的移动互联商务服务商。

3　卢总接任后的夏新[①]

2008 年 5 月 15 日，被誉为"中国设计界奥斯卡奖"的"2008 第五届中国企业产品创新设计奖（CIDF 奖）"在深圳揭晓，"夏新电子股份有限公司"、"夏新音乐系列 M68"分别荣获"最佳 CIDF 设计贡献奖"、产

---

① 来自夏新公司网站资料。

品设计"优秀奖"两项大奖。

2008 年 7 月 1 日,在中国移动的 10 万部 TD-SCDMA 终端采购招标中,夏新 T5 手机中标 19000 台。与此同时,"善谋者大成于事"——夏新电子 2008 战略发布会隆重召开,卢振宇总裁率领新的核心领导团队正式亮相。会上宣布了夏新与《赤壁》摄制方合作,并计划将夏新打造为中国手机产业的高端第一品牌。

2008 年 7 月 12 日,在中国电信的 CDMA 终端集中采购招标中,夏新赤龙 N7 在众多产品竞争中脱颖而出,成功中标 20000 台。

2008 年 7 月 24 日,在中国移动 2.5 万部 TD-SCDMA HSDPA 数据卡采购招标中,夏新 HS300 数据卡中标 2200 台。

2008 年 8 月,夏新与国美结成战略合作伙伴关系,联合推广夏新赤壁手机,期望在高端手机市场占领一席之地。

2008 年 10 月 12—17 日,第十届"中国国际高新技术成果交易会"在深圳会展中心拉开帷幕。夏新手机携 T5、T8、TD 数据卡等多款国内 TD 高新技术产品以及多款 WCDMA、CDMA2000 制式的海外 3G 手机集体亮相,成为本届高交会的一大亮点。

2008 年 10 月 13 日,首届中国手机设计大赛颁奖典礼暨高峰论坛在深圳电视台演播大厅隆重举行,在同期揭晓的 2008 年"福田杯"首届中国手机设计大赛全部 5 大类 28 个奖项中,"夏新 N800"摘得"功能设计"奖,"夏新全智达智能手机操作系统软件"获得软件组金奖、大赛综合铜奖。

2008 年 10 月 19 日,由《通信产业报社》主办,中国电信、中国移动、中国联通协办的"2008 移动终端市场与业务创新论坛"在京举行。在同期举行的"2008 最佳 3G 终端"评选活动中,"夏新 T5"一举荣获 2008 年度"最具市场潜力奖","夏新 HS300 型 TD-HSDPA 数据卡"获得最佳性价比数据卡奖。

2008 年 10 月 21 日,第五届"中国—东盟国际博览会"在广西南宁隆重召开。作为 TD 联盟的重要成员之一,夏新携多款 TD 手机、数据卡,联手 15 家联盟企业集体亮相东盟博览会,向东盟国家展示我国最强的 TD 技术及产品。夏新 HS300 是本次博览会上 TD-SCDMA 产业联盟指定的唯一一款数据卡演示机型。

4 发展小结

作为一家上市公司，夏新最好的发展阶段是 2002 年至 2004 年，随着两款夏新手机 A6、A8 推向市场，夏新一度创下数十亿元资产总额。但从 2004 年开始，在 3G 技术的推动下，和很多传统手机品牌一样，夏新斥巨资投入 3G 研发，成为公司资金链紧张的最初原因。至于 ST 夏新究竟投入多少资金开发 3G，业内说法由数亿元到十几亿元不等。

此后，夏新又大力发展多元化战略，在笔记本电脑、液晶电视等领域多有涉及。而随着电子产品逐步进入白热化竞争，金融危机悄然到来，加之某些其他的原因，夏新最终走到了今天的境地。

夏新 2008 年三季度财报显示，2008 年 1 月至 9 月，公司净亏损 4.65 亿元，负债总额高达 27.3 亿元，而公司资产总额仅为 20.3 亿元，已是资不抵债。2008 年 12 月 8 日，公司公告称，预计 2008 年度累计净利润仍为亏损，公司将于 2009 年 4 月 30 日年报发布日起停牌，上交所在停牌后 15 个交易日内作出暂停公司股票上市的决定。

5 后记

2009 年 1 月 7 日下午 12：30，万众期待、孕育 8 年的 3G 牌照终于如愿以偿发放到运营商手中。夏新是国内最早开始跟踪 3G 技术的国产手机厂商。

时隔 5 年，3G 终于尘埃落定，夏新熬到了 3G 的春天，但是 ST 夏新的春天在哪里？如今夏新走到了生死边缘，无论是退市还是重组，5 年 3G 方面的投入是否付之东流？有业内人士透露，曾有一段时间政府有意重组，有实力雄厚的股东进入，后来竟不了了之。如今 3G 牌照在这个关键时刻发放，这样一个壳不会轻易被扔掉。

金融危机冲击下，受影响相对小的中国市场成为国内外厂商渡过眼前难关的必争之地。国产手机厂商的本土优势，能否在三大运营商全面获得 3G 牌照以及国家拉动内需的家电下乡开创的绝好时机下得以体现？

2009 年，夏新电子苦心孤诣经营了十几年的电子王国在被业内誉为"扭亏高手"、寄予厚望的原长城电脑副总裁卢振宇空降而来，夏新能否再次带给业界惊奇?

6　作者观点

作为国产手机的主要品牌之一,夏新的发展之路某种程度上体现了中国电子行业其他很多企业的发展历程。在竞争激烈的电子行业,夏新的发展经历了几个不同的阶段。发展到今天,出现现今的困境,有着市场竞争的因素,更有着企业战略决策的原因。企业战略决策的关键点究竟是什么?对于一路走来的夏新可能更需要这个答案。只有当夏新有了明晰而正确的答案,夏新的未来发展才不会迷茫,也才能发展得更好。对于这个问题的思考,无论是对于企业战略实践,还是对于战略理论研究都有着深刻的意义。

思考与讨论

1. 夏新为"3G"时代所做的战略决策带给我们怎样的启示?

2. 在竞争日益激烈的消费电子时代,国产手机企业的发展方向应该是什么?为什么?

3. 结合相关情况设计出夏新的发展战略。

恒源祥的品牌之路

杨　刚

摘　要　恒源祥，这个以经营绒线为生的商店字号，在经 80 年后仍然家喻户晓，并且在经历了重重变革后，发散出更加耀眼的光芒，却由于恶俗广告的问题而受到许多人的非议。恒源祥的品牌该走向何方？

关键词　品牌战略　恒源祥

1　企业背景

1927 年，沈莱舟在上海成立了一家人造丝毛商店，取"横罗百货、源发天祥"之意，给店取名为"恒源祥"，于是创立了恒源祥。

1956 年，公私合营后，恒源祥成了国有企业。1987 年，恒源祥绒线店从金陵路搬至南京路。此时的恒源祥还只是南京路上的一家百余平方米的毛线商店。同年，恒源祥学徒出身、踩过黄鱼车、出过苦力的刘瑞旗，走马上任恒源祥掌门人，时年 29 岁。在恒源祥日后的发展中，恒源祥的名字便总是和刘瑞旗联系在一起。

面对这家有着 78 年历史的老字号，刘瑞旗采取了一系列行动。

刘瑞旗进入恒源祥所做的第一件事在当时是离经叛道的。他一上任，便决定将店铺中的库存商品削价处理掉。这在某种意义上等同于将国有资产变相流失，其行为在当时受到了批评，但却给恒源祥带来了流动资金。有了这笔资金，店中的商品品种与花色丰富起来。接着，刘瑞旗别出心裁地开创了"引厂进店"的经营模式，把商店的柜台租给不同的生产厂家，销售业绩最好的厂家能够获得最好的柜台位置，销售不好的厂家则有可能被赶出商店。在竞争机制的促动下，恒源祥的销售额在两三年内便翻了10 倍。

　　为了能够拥有"恒源祥"牌产品，1989 年年底，刘瑞旗开始寻找工厂合作生产。1991 年 3 月 1 日，恒源祥牌绒线诞生。有了品牌产品后，刘瑞旗开始着手推广品牌。他几乎倾尽上一年的所有利润投入广告，于是中央电视台的黄金时段频频出现恒源祥。随着维护恒源祥商标的投入的持续增长，在仅靠单一的绒线产品无法支撑的情况下，恒源祥从 1997 年开始实施产品延伸，除了生产绒线、羊毛衫、羊毛内衣、羊毛衬衫等针织类产品外，也开始从事西服、床上用品的生产。

　　2000 年，万象集团被世贸集团收购，而恒源祥作为万象集团原有的一员也被划入了世贸集团旗下。考虑到世贸的发展重心为房地产，和恒源祥的品牌发展战略相差太远，刘瑞旗执意斥巨资收购"恒源祥"品牌，于 2001 年成立股份公司。

　　2001 年 2 月，恒源祥成功地以 MBO 收购的方式实现了转制，为公司开拓了新的发展空间。

　　2002 年 6 月，恒源祥（集团）有限公司成立，确立了"中国第一，世界一流"的品牌战略目标。

　　截至 2004 年年底，恒源祥通过加盟的方式已在全国建立了 5800 余家销售网点，拥有 170 余家加盟工厂，年生产产品超过 3.75 亿件。同年，公司以 600 万元的天价成功竞购了世界上最细的羊毛，从而向世界证明中国毛纺企业的实力。

　　"恒源祥"是目前全球最大的绒线制造商，涉及家纺、针织、服饰三大产业板块，有上百家联盟体工厂，4000 多家经销网点，拥有 2000 多个规格品种的产品，是一家纺织类综合性集团公司。1999 年时"恒源祥"品牌的无形资产约 5000 万元，目前的评估价值约 6 个亿。旗下成立于 1998 年的恒源祥服饰公司经过 6 年的发展，目前主要经营男装、女装和童装以及服饰配件四大类项目，拥有十几家生产工厂及服饰生产流水线设备。

　　恒源祥人认为，要维护一个商标，除了前期的导入成本外，更重要的则是后期的维护成本和提升成本，只有如此，品牌才可能处于一个上升的状态。因此即使在资金匮乏的情况下，恒源祥仍然以每年 30% 的递增幅度投入品牌维护。

2　品牌之路

刘瑞旗上任后，非常重视企业品牌的打造，通过注册恒源祥和小囡商标、在电视台黄金时间做广告等一系列措施力推恒源祥品牌。18 年后的今天，恒源祥已成为中国著名商标。

2.1　造就品牌

1991 年到 1996 年短短 6 年时间，恒源祥因为持续推出一个内容极其简单的广告而成为妇孺皆知的品牌。恒源祥每年维护品牌的费用，包括直接支付给媒体的广告费和搞活动的费用，大概是在 6000 万元左右。刘瑞旗说，他们深深地知道品牌对于一个企业的作用。品牌的投入，持续的时间越长越有效果，如果间断一下，那前期的投入全都会浪费的。

恒源祥有个说法：做创造第一的工作，因为人们不太容易记住第二。2004 年 3 月，恒源祥在澳大利亚一个盛大的羊毛拍卖会上，以 600万元人民币买下 90 公斤顶级超细羊毛。结果，此次购买事件在羊毛界引起了强烈反响，影响之大让很多人始料未及，不但媒体争相报道，而且世界羊毛主要生产国如新西兰、南非、乌拉圭、阿根廷都有公司来电来传真。以往的拍卖中，超细羊毛大多被意大利著名公司拍走，最后流入巴黎、米兰、纽约或东京高档服装店。此次恒源祥集团在澳大利亚悉尼拍卖会上力挫意大利、日本、澳大利亚、韩国等众多羊毛大鳄，成为这捆"金羊毛"的主人，创下了三个第一：中国企业第一次成功参与；这次拍卖的是迄今世界最细的羊毛，只有 11.9 微米，也是世界上迄今价格最昂贵的羊毛。

恒源祥还有个说法：哪怕你的事情不是第一，但是坚持的时间变成第一，那你也变得很伟大了。因为信息很发达，做什么事很容易被模仿，但唯有一个是不可以被复制的，就是时间。你所建立的历史是不可以复制的。"羊羊羊"这个单调的广告，"五秒广告"连播三遍的营销方式，也被誉为广告界的"恒源祥现象"。有的消费者不喜欢，觉得挺烦的，刘瑞旗认为这是对消费者记忆的一种冲击。要让消费者记住，一定是要用差异，要用与众不同的方法。

2.2　品牌宣传

恒—源—祥！北京奥运会赞助商！鼠·鼠·鼠

恒—源—祥！北京奥运会赞助商！牛·牛·牛

恒—源—祥！北京奥运会赞助商！虎·虎·虎

恒—源—祥！北京奥运会赞助商！兔·兔·兔

恒—源—祥！北京奥运会赞助商！龙·龙·龙

恒—源—祥！北京奥运会赞助商！蛇·蛇·蛇

恒—源—祥！北京奥运会赞助商！马·马·马

恒—源—祥！北京奥运会赞助商！羊·羊·羊

恒—源—祥！北京奥运会赞助商！猴·猴·猴

恒—源—祥！北京奥运会赞助商！鸡·鸡·鸡

恒—源—祥！北京奥运会赞助商！狗·狗·狗

恒—源—祥！北京奥运会赞助商！猪·猪·猪

2008 年 2 月 6 日（除夕）夜开始，一则著名毛纺品牌"恒源祥"的电视广告在全国多家电视台的黄金时段播出，1 分钟的时间里，广告背景音从"鼠鼠鼠"一直叫到"猪猪猪"，把十二生肖叫了个遍。

这则名为"十二生肖"的广告制作其实很简单，也可以算是该品牌"羊羊羊"系列的延伸。在长达 1 分钟的时间内，由北京奥运会会徽和恒源祥商标组成的画面一直静止不动，广告语则由原来的"恒源祥，羊羊羊"，变成了由童声念出的"恒源祥，北京奥运会赞助商，鼠鼠鼠"（以下依次将十二生肖叫了个遍，直至猪猪猪）。

达到了传播目的：让你记住我。

恒源祥的品牌知名度已经很高，为什么这次又用黄金时间来做了一次"重复传播"？并且广告创意让消费者感觉到很烦、很暴力，典型的"懒汉式"做法。恒源祥是 2008 年北京奥运会的赞助商，对品牌来说，这是一个绝好的"背书"。奥运会的赞助商不计其数，真正能够记住并买单的品牌只有 30%，其他 70% 只是过路的喝彩者。恒源祥为了争做这"30%"的品牌，采取这种"恒源祥，2008 年北京奥运会的赞助商"的重复传播，期望让消费者记住恒源祥，记住恒源祥是 2008 年北京奥运会的赞助商。

2008 年的恒源祥惹来一片非议，2009 年同样如此。

我属牛~牛！牛！牛！

我属虎~虎！虎！虎！

我属兔~兔！兔！兔！

我属龙～龙！龙！龙！

我属蛇～蛇！蛇！蛇！

我属马～马！马！马！

我属羊～羊！羊！羊！

我属猴～猴！猴！猴！

我属鸡～鸡！鸡！鸡！

我属狗～狗！狗！狗！

我属猪～猪！猪！猪！

我属鼠～鼠！鼠！鼠！

这是恒源祥的新版广告，足足一分钟内就是牛牛牛、虎虎虎、兔兔兔，十二生肖每个念三次，听起来简直就是感官的疲劳轰炸，不少观众实在痛苦、无奈、想撞墙。

早在上年恒源祥用旧版十二生肖广告"折磨人"的时候，就有人指出，为了获取知名度的广告实属低层次的广告战略，况且，恒源祥为了达到家喻户晓的知名度而"折磨"广大的电视观众，只能让人产生反感而导致对该品牌的疏离。没想到，牛年春节刚一到来，恒源祥竟然又再次卷土重来，让正沉浸在春节喜庆气氛中的观众痛苦不堪。

抱住恶俗广告的大腿往上爬，宁愿将宁静雅致的广告文化推向乌烟瘴气，此举明明会引起社会不满、文化愤怒，可这家公司还是在上年的基础上肆意厚黑，其用意令人费解。

2.3　品牌管理

恒源祥的经营模式也是崭新的，那就是一方面全力维护恒源祥的品牌地位，另一方面寻找更多的加盟者，推广恒源祥的商标使用权。截至2005 年 2 月，恒源祥已经有 100 多个加盟工厂和 5300 多个加盟销售商。

恒源祥最早是做手编毛线开始起家的，虽然现在在手编毛线业已经可以做到中国最有影响力或者规模最大的企业，但这个产业在慢慢地走下坡路，经营毛线带来的利润已经无法支撑品牌在市场当中运行的成本。因此从 1998 年开始，恒源祥商标就向与羊和羊毛相关联的其他领域进行延伸，现在有羊毛衫、羊绒衫，有西服，有夹克衫，有衬衣，还有家用纺织品。

恒源祥是品牌拥有者，与加盟工厂和经销商签订强势合同，其中对质量控制起到关键作用的是罚款条例。恒源祥内部工作人员透露：每个加盟者必须交纳 5 万—20 万元不等的质量保证金。加盟合同规定，生产商一且发生质量问题，这些保证金将被悉数没收。发现假冒则坚决打假。在产品设计和技术研发方面，也采取社会资源整合的方式，跟大专院校、科研院所进行合作。显而易见，在产品的设计生产和技术创新领域，刘瑞旗和他的核心团队并没有直接参与管理，而是由加盟生产商自行决策。

3 反响

恒源祥十二生肖广告播出以来，引起网友、网络媒体、传统媒体和营销专家等的关注。

"这是什么广告啊，刚开始我还以为电视机坏了呢。"有网友说。"太恶俗了！"还有网友说。"广告的主要目的不仅仅是让消费者记住，而是让消费者看到广告后，就能产生购买产品的欲望！"有网友说，"如果不考虑消费者的感受还想建立品牌形象，太可笑了。"类似的评价在各大网站随处可见。还有一些网友发表更过激的言论，甚至开始抵制恒源祥的所有产品。当然，也有网友的反映和恒源祥预料的结果一样。"刚看到恒源祥十二生肖广告时，笑得肚子都痛了，眼泪也出来了。"一名网友说。还有网友说，"恒源祥这则广告让我想起可口可乐抢滩香港市场的一个广告策划，当时可口可乐的广告更为夸张，每天晚上 7 点半，观众都会在当时的凤凰卫视上看到一片红色，整个电视屏幕都是红色，持续 30 秒，当时观众都以为电视坏了，此现象出现一个月后，'红色'过后就有了一句广告语'可口可乐抢滩香港'。"

某大型门户网站调查显示，在 4.7 万多名网友参加的调查中，有 87.52% 的网友对恒源祥的这则广告表示"反感"，认为搞笑、不反感的网友占 8.81%，还有 3.67% 的网友持中立态度。

有媒体认为，恒源祥广告能在春节期间创造出类似香港某艺人引发的"艳照门"事件的另一个话题旋涡，着实不易。也有专家认为，这则广告虽然达到了广告中传播的目的，但并没有带来品牌相应的美誉度和忠诚度，这应该引起恒源祥的反思。

某咨询集团业务总裁说："'羊羊羊'作为恒源祥延续了十多年的一则广告，在十二生肖广告之前已经达到了被人知晓的目的，这次一分钟的广告仅仅是为了让人记住北京 2008 奥运会赞助商这一个信息，还是很浪费的，一分钟的广告可以容纳很多东西。"

"我做企业报道有七八年，跟企业家也经常交流。其实做企业挺难的，不管企业有钱没钱，做广告的分寸都难以拿捏。"从事企业报道和研究的中央电视台经济频道某制片人说，"如果企业广告没有好的创意，很难被人记住，花钱做广告等于打水漂。对企业广告来说，被人记住是很重要的一个要素。"

4　作者观点

品牌和业务，同为公司发展战略所关注的两个焦点之一。什么样的品牌战略才更加适合自己的企业呢？在品牌日益重要的今天，我们该如何来规划企业的品牌战略？对于这些问题的解答，所谓"见仁见智"，恒源祥有恒源祥的答案，其他公司有其他公司的做法。而最终的答案必然落实到对品牌以及品牌战略本质的把握。基于此，结合企业自身的情况，您就能为您的企业找到一条合适的品牌之路。

思考与讨论

1. 恒源祥的发展带给你怎样的启示？

2. 结合案例思考传统企业可以通过哪些具体措施做好自己的品牌战略？为什么？

3. 结合相关情况，设计恒源祥未来的品牌战略。

战略联盟

蒙牛的共生共赢战略

杨熙纯

摘　要　蒙牛的迅速崛起，是必然，而不是偶然。对于蒙牛的成功秘诀，学界和业界众说纷纭。其实，"共生共赢"战略在蒙牛的发展过程中起到了十分重要的作用，使蒙牛有效地避开了竞争对手的正面攻击，使蒙牛赢得了政府的大力支持，使蒙牛品牌快速成长，使中国乳业良性竞争。竞争的最高境界就是"共生共赢"，希望我们中国有更多的企业能悟出"共生共赢"战略的真谛。

关键词　蒙牛　共生共赢　战略

1　公司背景

内蒙古蒙牛乳业（集团）股份有限公司（简称蒙牛）成立于1999年年初，属中外合资股份制企业。2004年6月，蒙牛在香港成功上市，成为第一家在海外上市的中国乳制品企业。蒙牛总部设在中国乳都核心区——内蒙古呼和浩特市和林格尔县盛乐经济园区，目前总资产超过80亿元，员工近3万人，乳制品年生产能力达500万吨。

到目前为止，蒙牛已在全国15个省市区建立生产基地20多个，建有"全球样板工厂"和"国际示范牧场"，拥有液态奶、酸奶、冰淇淋、奶品、奶酪五大系列200多个品种，产品以其优良的品质荣获"中国名牌"、"中国驰名商标"、"国家免检"和"消费者综合满意度"列同类产品第一等荣誉称号，产品覆盖国内市场，并出口到美国、加拿大、蒙古、东南亚及港澳等国家和地区。

创业9年，蒙牛演绎了一个乳业神话，一段商界传奇。蒙牛现象被称作"西部企业，深圳速度"。从一个名不见经传的"一无工厂，二无奶源，三无市场"的小企业开始，截至2007年年底，蒙牛主营业务收入由

0.37 亿元增加到 213 亿元，年均递增 121%，成为全国首家收入过 200 亿元的乳品企业；年纳税额由 100 万元增加到 10.35 亿元，年均递增 138%；净利润由 53 万元增加到 10.87 亿元，年均递增 159%；主要产品的市场占有率超过 35%；UHT 牛奶销量全球第一，液体奶、酸奶和冰淇淋销量居全国首位；乳制品出口量、出口的国家和地区居全国第一。

"建设世界乳都，打造国际品牌"是蒙牛始终不渝的奋斗目标。目前，蒙牛已由"内蒙古草原牛"变成"中国猛牛"，并正在向"世界牛"大步迈进，为 2011 年跻身"世界乳业 15 强"而努力奋斗。

2　案例事件

面对强大的竞争对手，蒙牛是如何"虎口逃生"的？是如何"脱颖而出"成长为中国乳业的龙头老大的？

2.1　借势造名：创内蒙古乳业第二品牌

1999 年，蒙牛在成立之初，资金少、底子薄、实力弱、名气小。为了迅速打开市场，蒙牛拿出 900 万元启动资金中的三分之一进行广告宣传。

1999 年 4 月 1 日，呼和浩特市所有的主街道两旁突然冒出了"蒙牛"的灯箱广告。红色路牌上高书金黄大字："蒙牛乳业，创内蒙古乳业第二品牌"。一夜之间，蒙牛的品牌在呼和浩特变得家喻户晓。在呼和浩特，众所周知，伊利是内蒙古乳业的第一品牌，但第二品牌是谁呢？无人知晓。站在巨人的肩膀上，当时在全国排名第 1116 位的蒙牛将自己一下子跃升为"内蒙古乳业第二品牌"，从开始起步时就将其他竞争对手远远地甩在了身后。在冰淇淋的包装上，蒙牛打出了"为民族工业争气，向伊利学习"的字样。这一方面表现出了蒙牛的谦逊，另一方面也凸显出了蒙牛的智慧，借助老大哥伊利的名气，打造出自己的品牌，在最短的时间内建立起蒙牛品牌的知名度。因此，第一年蒙牛就创下了 3700 万元的销售额。

5 月 1 日，48 块蒙牛的广告路牌被人砸得面目全非。在人们讨论蒙牛的余热还没结束时，蒙牛再次成为媒体和大众关注的焦点。面对记者"是谁砸了蒙牛的广告牌"的提问，蒙牛公司董事长、总裁牛根生并没有给出答案，而是选择了沉默。因为牛根生知道此时保存实力最重要。

2.2 统一战线：为内蒙古喝彩·中国乳都

2000年9月至2001年12月，蒙牛陆续投资300多万元，投放了300多幅公益性灯箱广告。广告正面万马奔腾图上高书"为内蒙古喝彩"，下注："千里草原腾起伊利集团、兴发集团、蒙牛乳业；塞外明珠辉照宁城集团、仕奇集团；河套峥嵘蒙古王；高原独秀鄂尔多斯……我们为内蒙古喝彩，让内蒙古腾飞。"广告背面则是"中国乳都"："我们共同的品牌——中国乳都·呼和浩特"。

蒙牛把自己与内蒙古的明星企业放在一起，提升了自己的品牌价值和企业形象；蒙牛与竞争对手统一战线，并甘居其后，不仅为蒙牛节省了时间、金钱，也体现了蒙牛的博大胸怀，迫使竞争对手必须做出一定的姿态，否则就会有失道义；蒙牛"内蒙古草原牌"和"呼和浩特乳都牌"的倡议，推动了内蒙古区域经济战略的发展，发挥出了内蒙古得天独厚的草原经济优势，为内蒙古积聚了巨大的无形资产；蒙牛利用区域品牌带动企业品牌，在消费者心中树立起了"正宗奶源"、"品质牛奶"的良好形象。

2.3 遭遇袭击：假新闻诽谤

2003年9月至2004年1月，在全国几十个省会城市近100家报纸及大约170个网站，相继出现230多篇有关蒙牛的负面报道，例如《蒙牛广告涉嫌欺诈》、《蒙牛现象——皇帝的新装》、《蒙牛暗藏危机，战略缺失、核心能力不足》、《高速扩张引发专家质疑，央视"标王"蒙牛面临三大难题》等等。媒体对蒙牛的质疑声如雪片般撒向全国各地。面对泛滥成灾的假新闻诽谤，蒙牛只能求助警方。

2004年2月，"假新闻诽谤案"终于水落石出。警方查出此次恶意诽谤的幕后主使居然是同行的某著名企业。随后，公安机关作出三点裁决：一、公开道歉；二、赔偿损失；三、保证今后不再发生类似事件。在征求蒙牛意见时，牛根生却以德报怨，不仅放弃了对这家同行企业的诉讼权，还说，第一项，人人都有面子，西部乳业品牌是个更大的面子，一荣俱荣，一损俱损，所以，公开道歉的事就免了；第二项，有它不多，没它不少，也不用赔了；但第三项务必坚持：下不为例，永不再犯！最终，假新闻事件不仅没有打倒蒙牛，反而激发了蒙牛的斗志，增强了消费者对蒙牛的信任。

2.4 倡导全民饮奶：每天一斤奶，强壮中国人

2006 年 4 月，温家宝总理在重庆视察奶业工作时深情感言："我有一个梦，让每一个中国人，首先是孩子，每天都喝上一斤奶。"为了响应温总理的讲话，实现总理强壮民族的牛奶梦，蒙牛开展了一系列"倡导全民饮奶"的社会公益活动。

2006 年 6 月，蒙牛投资 1 个多亿，联合中国奶业协会等 7 家单位，共同发起"每天一斤奶，强壮中国人"的捐奶助学活动，向全国 500 所贫困小学的学生免费提供一年的牛奶；2007 年 6 月，蒙牛携手联想、微软、NBA 等国内外知名单位及企业，共同启动"中国牛奶爱心行动"，在 2006 年向 500 所贫困小学免费送奶一年的基础上，再选 500 所贫困小学免费送奶一年，使受益于爱心牛奶的贫困小学数量增加至 1000 所；2008 年年初，蒙牛向全国消费者赠送健康书籍 2000 万册，这可以说是全球最大规模的企业送健康行动；2008 年 7 月，蒙牛联合中国儿童少年基金会一起成立了"中国牛奶爱心基金"，将这项公益行动纳入到基金会的管理下，并且进一步向社会开放，希望能够吸引更多社会力量的加入。同时，蒙牛还通过站台广告等载体，推广"每天一斤奶，强壮中国人"的健康理念，在全国范围内掀起了普及性的全民饮奶运动。

有资料显示，目前全球年人均奶类消费 100 公斤，发达国家为 258.3 公斤，我国仅为 8.6 公斤。鉴于我国人民的饮奶现状，蒙牛努力改变人们的消费观念和消费习惯，尽力挖掘我国乳业市场潜力。蒙牛提出了"提倡全民喝奶，但你不一定喝蒙牛奶，只要你喝奶就行"、"市民健康一杯奶，农民致富一家人"、"愿每一个中国人身心健康"等口号。因为牛根生明白让自己"食有粮"的最好办法，不是抢夺对方手中的"饭碗"，而是做大整个行业的"饭锅"。当然，蒙牛作为中国乳业的领袖型企业，若将这个行业的市场做大了，无疑会成为最大的受益者。

2.5 深陷奶品危机："三聚氰胺"和"特仑苏"OMP 事件

2008 年 9 月 11 日晚，卫生部通告了三鹿婴幼儿配方奶粉可能受到三聚氰胺污染。16 日，国家公布 22 家奶粉厂家的 69 批次产品中检测出三聚氰胺。其中，蒙牛、伊利等大品牌也榜上有名。17 日，蒙牛、伊利、雅士利等厂家纷纷发表声明，向消费者致歉并作出退货、赔偿等承诺。蒙牛集团董事长牛根生 17 日在蒙牛全员大会上发言："昨天，是乳制品行

业最为可耻的日子。"并表示"大品牌要负大责任",保证要为消费者、奶农、股民、经销商负责任。

18日晚,国家质检总局公布了全国液态奶三聚氰胺专项检查结果,蒙牛、伊利、光明等品牌的部分批次产品中检出三聚氰胺。虽然含量较少,据有关专家称不会对人体造成伤害,但是人们的问责声一浪高过一浪。根据调查结果表明,问题发生在奶源的收购和销售环节上,相关责任人很快受到了处罚。

同时,蒙牛也采取了一系列的措施,努力化解事关企业存亡的危机。10月18日,牛根生发表"万言书",希望化解股市危机。在"万言书"中,牛根生不但声明"不知情加入三聚氰胺",而且对这起"三聚氰胺"事件的范围、起因、经过以及蒙牛采取的行动进行了全面的总结。善后:双倍赔偿,拯救患儿。蒙牛不仅将国家质检总局明确要求的奶粉和液态奶全部下架,还将9月14日前生产的价值几十亿的乳饮料、冰淇淋产品下架召回,是唯一一家进行了"额外召回"的企业;堵漏:检验从零起步,"倒奶"形如"倒血"。倒掉近3万吨原奶,在全世界范围内紧急寻购检测设备;救奶:全国总动员。推出了"三盯一封闭"的重要举措:人盯牛,人盯站,人盯车,全过程封闭运行。

为了解决奶源安全问题,蒙牛还大力推进牧场规模化和奶站规范化,推行奶站合并和奶站托管,在挤奶厅安装摄像头,给恒温运奶车装上GPS定位系统,让原奶都处于"电子眼"的监控之下,并要求所有奶站站长签订《原奶质量承诺书》。在企业的自检中,蒙牛实现了挤奶、入厂、出厂三个环节的严格把关,并邀请中国检验检疫科学研究院对蒙牛所有产品进行第三方独立检测,检验合格,产品才能上市销售。

蒙牛还向广大消费者敞开了监督的大门,从11月17日起连续十几天,消费者在一天中的任何时间登录新浪、优酷视频、天线视频等大型网站,就可以进入一个24小时网络直播窗口,坐在家里对蒙牛的生产流程进行实时观察。此次蒙牛的敢为天下先之举代表着蒙牛对产品安全的自信,对消费者的负责,对引领中国乳业健康发展的责任。蒙牛还全面启动"牛奶安全工程",公开向全国招募一万名消费者"安检员",对蒙牛牛奶生产的各个环节进行全面监督。蒙牛再从中选出100名最为严格的消费者组成"消费者顾问委员会",代表全国13亿消费者长期对蒙牛产品品质、销售服务等方面实施监督。

　　蒙牛在奶源建设上的"组合拳",无疑有助于中国奶源质量水平和中国消费者信心的整体提升,这也正是一个行业领袖企业所应肩负的责任。牛根生还指出:"从更宏观的角度看,食品始终是一个多元素、多维度的系统工程,在这个永续循环的生态圈里,食品企业既要与上下游的农民、股民、市民、网民形成一个无断裂、无缝隙、无障碍的'封闭型责任体系',又要与这'四民'结成一个共生、共享、共赢的'均衡型利益体系'。只有这两个体系都强、都赢,构成一堆'平行轨',食品安全的'火车'才能真正跑起来。"

　　一波未平一波又起。2009 年 2 月 2 日,国家质检总局向内蒙古质监局发函,要求该局责令蒙牛禁止向"特仑苏"牛奶添加 OMP 物质。11 日,此公函被媒体获悉并公布。此次官方的介入源于国家质检总局接到蒙牛特仑苏牛奶产品的举报,这是官方首次对蒙牛的"OMP"进行表态。11 日下午,蒙牛发布了《蒙牛关于 OMP 牛奶的回应》,声明"OMP 与 IGF-1 是两种完全不一样的物质。OMP 就是国际上研究和使用多年的牛奶碱性蛋白 MBP,其安全性受到了 FDA 等国际权威机构的认可。"而学者方舟子认为,OMP 和 IGF-1 应是同一种物质,IGF-1 能增加癌症发病率。12 日,蒙牛再次声明"OMP 是安全的,无健康危害",并向多家媒体发布了一份长达 22 页的关于蒙牛特仑苏 OMP 牛奶的科技资料。13 日,卫生部等六部委组织专家对蒙牛使用的 OMP 食用安全性进行了研讨,认为该产品不会危害人体健康,但指出蒙牛未经卫生部批准添加 OMP,违反了《食品卫生法》,并擅自夸大宣传产品功能。14 日,蒙牛就特仑苏 OMP 安全问题召开新闻发布会,蒙牛总裁杨文俊表示,卫生部会同六部门已经明确表示特仑苏牛奶是安全的,因此对消费者的健康不存在一点损伤,蒙牛暂时不会启动对消费者的赔偿程序。消费者如对蒙牛产品有疑虑,可以进行退货。

　　2009 年 4 月 16 日,蒙牛发布了 2008 年年报。受三聚氰胺事件影响,2008 年度蒙牛亏损 9.486 亿元,而蒙牛 2008 年中期财报显示净利为 5.83 亿元,这意味着去年下半年蒙牛亏损超过 15 亿元。这也是蒙牛自 2004 年上市以来的首次年度亏损。但 2008 年度蒙牛的总营业收入比上年提高 11.9%,达到了 238.65 亿元。蒙牛总裁杨文俊表示,目前公司产品的销售额已恢复至三聚氰胺事件前的 80%。

3 社会反响

2003 年，牛根生被 CCTV 评为"中国经济年度人物"。央视的颁奖词写道：他是一头"牛"，却跑出了火箭的速度！

"蒙牛乳业，创内蒙古乳业第二品牌"的灯箱广告，吸引了人们的巨大眼球。一时之间，"蒙牛"成了呼和浩特人民茶余饭后的热门话题。蒙牛是谁的企业？以前怎么没听说过，工厂在哪儿？声言创"第二品牌"，是吹牛，还是真有这么大的本事？……蒙牛的广告牌被砸之后，反而使社会关注蒙牛的热度再次升温。媒体的报道如狂风暴雨般席卷了整个内蒙古大地。《谁砸了蒙牛的招牌？》、《路牌广告惨遭损毁》、《"砸牌"莫如摊牌》、《蒙牛在伊利门前摆擂台》、《伊利蒙牛谁将挺立潮头》……媒体的免费广告使蒙牛迅速在内蒙古打响了品牌。

蒙牛提出的"为内蒙古喝彩"的口号，使人们认为蒙牛与伊利是站在同一条竞争线上的乳品企业，尽管当时蒙牛与伊利还有较大的差距。后来，这个口号演变为内蒙古企业团队共同的精神纲领。2003 年内蒙古电视台春节联欢晚会的主题，也被确定为"为内蒙古喝彩"。

蒙牛"中国乳都"概念的提出，更加坚定了摩根斯坦利等知名投资机构对蒙牛的投资信心，为蒙牛的发展奠定了厚实的经济基础。在蒙牛的倡导下，经中央电视台等全国媒体的传播，"中国乳都"的品牌日益响亮，已经由民间走进官方，由内蒙古走向全国。2005 年 8 月，有关部门将呼和浩特正式命名为"中国乳都"。随着"中国乳都"向"世界乳都"的扩张，"蒙牛"的品牌也将更加深入人心。

"假新闻诽谤事件"对蒙牛的影响巨大，后果极为严重。有媒体评论说，其影响不仅是国内的，而且是国际的，使当时正在筹备上市的蒙牛因此受到中外人士的连连质询。2004 年 2 月，《法制日报》的记者在《盼着别人倒霉，就是自己发财》的报道中对假新闻诽谤事件进行了剖析。"在竞争中人们希望看到的是把全部精力放在技术创新、成本控制上，而不是窝里斗，起哄架秧子，把对方置之死地而后快，何况两虎相争必有一伤，更可能是两败俱伤，让他人坐收渔翁之利。"

随着蒙牛"每天一斤奶，强壮中国人"理念的广泛传播，人们的饮奶意识正在逐渐加强。过去的"开门七件事"，现在已经变成了"开门八件事"——柴、米、油、盐、酱、醋、茶、乳。

三聚氰胺事件,在社会产生了强烈反响。群情激奋的公众在网上进行了不少质疑和谴责。"一天一杯奶,吃死中国人","外国人喝牛奶结实了,中国人喝牛奶结石了","中国企业的良心何在"?"我们已经对中国的民族企业没有任何的信心了,你们比中国男足还要伤害我们!"……整个中国乳业的市场信誉崩溃了。其中,受抨击最多的企业除三鹿外,就是蒙牛。公众认为牛根生辜负了人们对一位道德领袖的信任,蒙牛背弃了人们对一个大品牌的信任,甚至有人直接责骂牛根生就是蒙牛的三聚氰胺。过去信之愈深,今天责之愈切。这也充分证明了蒙牛的影响力。当然,也有公众对此事件进行了理性的分析,认为"这次危机可能成为中国乳业'从量变到质变'飞跃的一个契机","中国的民族乳业品牌会从这次危机中崛起而新生"……三聚氰胺危机引发了一场深远的行业地震,三鹿倒了,蒙牛、伊利、光明全部走向亏损。短短一个月,三聚氰胺余震已由"中国乳业"波及"世界乳业",从"含乳产品"波及"食品产业"……正如一篇报道所讲,"世界陷入三聚氰胺恐慌中"。不过,2009 年以来,随着政府对乳业发展的大力扶持、企业对自身经营的不断规范以及消费者信心的逐渐恢复,目前我国乳品消费市场已经开始出现回暖迹象。

特仑苏 OMP 事件,使一轮新的危机再次爆发,蒙牛又一次陷入舆论谴责与市场失守的双重煎熬之中。虽然卫生部的专家也认为特仑苏 OMP 不会产生健康危害,但被澄清了的危机事实并没有化解媒体的批评与公众的怒气。这些批评的焦点主要集中于以下几方面:①在广告宣传中,蒙牛有夸大特仑苏 OMP 的功效之嫌。②虽然特仑苏 OMP 是安全的,但却违背了报批原则。③在三聚氰胺事件硝烟未散之时,蒙牛为何再次陷入产品质量危机之中?虽然事实表明可能是场虚惊,但也暴露出蒙牛在产品生产、审批、宣传方面存在某些问题。④在蒙牛产品中,原料奶之外,究竟还分别含有多少种添加剂未向公众披露?2009 年 2 月 24 日,39 健康网进行了一项专项调查。此次网民调查,共有 11560 张有效投票,其中有 67.28%的消费者选择以后不会再购买特仑苏牛奶;有 12.83%的消费者持观望态度,选择了"过一阵后再说";仅 19.89%的网民表示还会购买特仑苏牛奶。虽然该调查涉及的范围有限,但是也从侧面说明了消费者对蒙牛品牌的信任度有所降低。特仑苏 OMP 事件还殃及池鱼——高端奶整体滞销。有业内人士评论:"特仑苏的'溃败'将对整个高端牛奶市场带来一定冲击，并将拖累乳企开拓高毛利产品的脚步。"

4 作者观点

蒙牛的迅速崛起，是必然，而不是偶然。对于蒙牛的成功秘诀，学界和业界众说纷纭，有人认为是一流的创业团队、难得的发展机遇，也有人认为是超凡的营销策略、强势的品牌推广，还有人认为是严格的军事化管理、博采众长的企业文化……其实，"共生共赢"战略在蒙牛的发展过程中起到了十分重要的作用。

4.1 有利于蒙牛品牌的快速成长

蒙牛创建之初，勇为"第二"，体现了蒙牛开阔的胸襟与不凡的气度，赢得了公众的尊敬与信赖，迅速抢占了消费者的心志资源，建立了良好的品牌形象。"为内蒙古喝彩"的口号，使蒙牛成为内蒙古著名企业的一员，扩大了蒙牛品牌在内蒙古的影响力与知名度。蒙牛深谙消费者的心理，从消费者的身心健康出发，倡导全民饮奶，博得了公众的好感，获得了良好的口碑，提升了品牌的价值，将蒙牛品牌的光芒辐射到全中国。2006年，蒙牛以60亿元的品牌价值雄踞《胡润2006年民营品牌榜》榜首。遭受"三聚氰胺"和"特仑苏"OMP危机后，蒙牛并没有倒下，蒙牛品牌反更显成熟，不仅得益于蒙牛高明的危机公关手段和措施，更得益于蒙牛"共生共赢"的战略指导思想。蒙牛深知"水能载舟，也能覆舟"，"产品等于人品，质量就是生命"，没有社会责任感的企业不可能基业常青。蒙牛责无旁贷地担负起应尽的社会责任，用实际行动真诚践行了蒙牛一贯坚守的"共生共赢"战略，从而有效化解了生存危机。可见，"共生共赢"战略是蒙牛发展的一把利器，花小钱、办大事，往往能取得四两拨千斤的效果。这就是蒙牛独到的柔道战略思维。

4.2 有效避开了竞争对手正面攻击

面对极为险恶的生存环境，刚出道的蒙牛随时可能被强大的竞争对手挤出舞台，因此，蒙牛努力寻求与竞争对手和睦相处之道，实施"共生共赢"战略。首先，甘居"第二"，处处声言："蒙牛要和伊利竞争？我们不配！""向伊利学习"……隐藏自己的锋芒，保持较低的姿态，麻痹竞争对手，有效降低了竞争对手的敌意，避免了竞争对手的强力打击；其次，撑起"中国乳都——我们共同的品牌"的保护伞，在为竞争对手免费做广告的同时，打响了自己的品牌，并与竞争对手统一战线，以致竞争对手无计可施，因为任何报复性的市场手段都可能造成一损俱损。因此，蒙牛避免了与行业龙头的直接博弈，为自身的发展壮大争取了宝贵的时间和机会。最后，面对竞争对手的非理性攻击，蒙牛始终以大局为重，尽量化干戈为玉帛，而不愿逞口舌之快去贬损竞争对手，也不喜欢社会舆论将蒙牛与竞争对手对立起来。"共生共赢"战略不仅使蒙牛在强手如林的市场上站稳了脚跟，还使蒙牛创造出了"以小搏大"、"以弱胜强"的商界奇迹，短短六年的时间完成了从一个无名小卒到中国乳业领跑冠军的升华。这是一种"以退为进"的战略智慧，是一种弱者生存的"水性思维"——柔大于刚，顺多于逆，是牛犊在老虎脚下生存的秘密武器。

4.3　赢得了政府的大力支持

蒙牛从实际出发提出"中国乳都"的理念，以区域品牌带动企业品牌，用企业品牌提升区域品牌，使企业品牌与区域品牌共赢共成长。"共生共赢"战略不但使蒙牛与内蒙古乳业得到迅猛发展，还融洽了蒙牛与内蒙古政府的关系。一方面，蒙牛心系国家民族大业，支持国民体魄的强健，积极投身公益事业，全力践行"强乳兴农"的企业使命，成为西部大开发以来"中国最大的造饭碗企业"，并荣获"纳税状元单位"称号。另一方面，蒙牛也获得了政府的大力支持，控制了媒体对蒙牛不合实际的负面报道，帮助蒙牛创建了公正有序的竞争环境。在内蒙古奶源基地建设、牛奶疫病防治、奶农贷款、改良牧草、引进国外先进技术等方面政府都给予了积极的支持。"三聚氰胺"危机爆发后，各级政府对中国乳业给予了高度关注，进行了行业补贴等方面的政策扶持，尽力重振中国乳品市场。

4.4　有助于产业的良性竞争

蒙牛刚成立时，牛根生就制定了"共生共赢"战略，将蒙牛定位于乳品市场的建设者，努力做大乳业市场，而不是现有市场份额的掠夺者。牛根生认为企业经营的目标是消费者，而不是竞争对手。因此，蒙牛从不抨击竞争对手，避免同行企业相互仇恨、兵戈相见。蒙牛的存在，不仅没有使同行企业元气大伤，反而使同行企业因蒙牛发展得更快，这是中国乳业出现的一个有趣的现象。在蒙牛的词典里，"竞争对手"被"竞争队友"所代替，这不仅体现了蒙牛高尚的情操和高瞻远瞩的战略眼光，还在无形中为蒙牛做了宣传。"内蒙古乳业第二品牌"的广告点亮了别人，也闪耀了自己。"每天一斤奶，强壮中国人"的口号，推动了我国乳业的持续发展。在化解"三聚氰胺"危机的过程中，蒙牛作为中国乳业的领头羊，带头进行企业自检，更加严格要求自己，采取一切措施证明产品品质，尽力重塑企业形象及乳业形象，努力恢复消费者信心，促进企业、消费者、奶农、股民多方"共生共赢"，推动中国乳业健康、有序、和谐发展。可见，蒙牛的"共生共赢"战略是一种战略创新，是一种典型的蓝海战略思想，是一种良性的高级的竞争理念，让别人赢，就能让自己赢，企业的自我发展是建立在所在产业的发展基础上的。

从蒙牛的案例，可以看出竞争的最高境界就是"共生共赢"。竞争可以共赢，一山可以容多虎。例如：可口与百事、麦当劳与肯德基……都是如影相随，和平共处，甚至连促销活动彼此都有意避开。因为他们知道对抗性竞争意味着消耗能量，鹬蚌相争，渔人得利，过度竞争的结果往往是两败俱伤。因此，不要把竞争对手逼到绝路，损人一千，自耗八百。与其内耗来瓜分一块有限的蛋糕，不如合作共同做大市场，每个人分得的蛋糕更多。所谓"一花独放不是春，百花齐放春满园"。希望我们中国有更多的企业能悟出"共生共赢"战略的真谛。

思考与讨论

1. 为什么蒙牛能在短短几年时间成长为中国乳业的老大呢？

2. 蒙牛的核心竞争力是什么？

3. 如何看待蒙牛的"共生共赢"战略？此战略在蒙牛的成长中起到了什么样的作用？

4. "共生共赢"战略适用于你所在的企业吗？企业应如何有效地实施"共生共赢"战略？

可口可乐欲并购汇源果汁*

李 勇

摘 要 可口可乐公司欲以 179.2 亿港币的价格全资收购我国饮料业知名企业汇源果汁集团，并购案惹来了众多的争议。在国内果汁市场上，汇源的市场占有率为 10.3%，而收购者可口可乐公司的市场占有率仅为 9.7%。那么，为何居于市场第一的汇源集团甘于为居于第二的可口可乐所收购呢？虽然最后可口可乐收购汇源果汁方案商务部没有通过，但这个炒作得沸沸扬扬的并购案还是给人们留下了很多思索。

关键词 可口可乐 汇源 并购

引言

前段时间，中国财经最大的新闻莫过于可口可乐公司欲以 179.2 亿港币的价格全资收购我国饮料业知名企业汇源果汁集团。作为国内最大的果汁集团，汇源并购案惹来了众多的争议。目前，在果汁市场上，汇源的市场占有率为 10.3%，而收购者可口可乐公司的市场占有率仅为 9.7%。那么，为何居于市场第一的汇源集团甘于为居于第二的可口可乐所收购呢？汇源集团今后的命运又会是什么样？

1 汇源公司背景

1992 年朱新礼买下沂源县一个亏损过千万元、贷款高达数百万的罐头厂，并将其更名为淄博汇源饮料有限公司。这就是北京汇源的前身。但

---

* 案例由作者根据多方面资料整理而成。

是当时买下这家罐头厂后，朱新礼再也没钱投到企业了。曾在外经贸委工作过的朱新礼比较了解国际贸易中的补偿贸易，他决定用这种方式先从国外引进设备，再用生产出来的产品抵偿设备投入，并和外商签下了几百万美元的浓缩果汁设备。

1993年工厂正式开工生产，产出第一批浓缩果汁，但更大的难题迎面而来：产品何时才能打开市场？转折点出现在1993年4月。当时他带着刚刚生产出的金黄色苹果浓缩汁、背着大煎饼，去了在德国慕尼黑举行的食品展览会。带去的样品被瑞士商人看中，瑞士公司派出的小飞机把他从慕尼黑接到瑞士洛桑，签完合同又把他送到德国法兰克福机场，并找专人把他送上中国国际航空公司的飞机。

在朱新礼的倡导下，1994年汇源总部搬到了北京顺义北小营。熟悉朱新礼的人说，当时汇源的迁址遭到了来自外界的很多压力。一方面作为沂源的利税大户，政府自然不愿其搬到北京。此外，很多家在沂源的员工也不愿背井离乡。综合考虑人才、信息、资金、技术、市场等因素，朱新礼坚定了进京的决心，从而成就了现在的汇源集团。

目前，汇源集团在全国各地创建了20多家分公司，链接了60多个优质优势果蔬茶奶等原料基地，建立了基本遍布全国的营销服务网络，构建了一个庞大的农业产业化经营体系。汇源集团引进了100多套世界先进的果蔬加工、饮料灌装等设备，拥有PET、利乐、康美无菌冷灌装生产线60多条，其中有14条世界最先进的PET无菌冷灌装生产线。水果原浆加工的冷破碎、浓缩果汁加工的超微过滤、饮料生产的无菌冷灌装等项技术，处于世界领先地位。健全和实施了ISO9001、HACCP体系，通过了两个体系认证和安全饮品认证。汇源商标为中国驰名商标，汇源果汁为中国饮料市场产品质量用户满意第一品牌，汇源果汁饮料为中国名牌产品，汇源无菌冷灌装饮料荣获绿色产品奖，汇源果汁及果汁饮料、蔬菜汁及蔬菜汁饮料荣获产品质量国家免检资格。汇源纯果汁和果汁含量中等以上果汁饮料的市场份额一直位居全国市场同类产品第一名。来自市场的公开资料显示，2007年汇源果汁销售额达到26.56亿元，增长28.6%。2008年上半年汇源饮料总产量54万吨，同比增长11.11%。截至2007年年底汇源的百分百果汁及中浓度果蔬汁销售量分别占国内市场总额的42.6%和39.6%，分别比上年上升1.8个百分点和0.8个百分点。

十几年来，汇源产业化体系促进了各地农业和相关产业的发展，带动了百万农民奔小康，促进了荒山绿化、水土保持、防风固沙、环境保护，直接或间接地创造了几万个就业岗位，累计缴纳税金 17 亿多元，投入社会公益事业 7000 多万元。汇源集团为农业产业化国家重点龙头企业、第一批全国农产品加工业示范企业，连续 7 年荣列中国饮料工业 10 强，荣获全国就业和社会保障先进民营企业、中国企业十佳质量安全信用单位、最佳企业公众形象奖、最具诚信企业奖等殊荣。

2　汇源的前三次并购

作为一家民营企业，汇源的发展并不是一帆风顺的。在企业不断扩大发展的同时，所需的是源源不断的资金流。为此，在可口可乐之前，汇源就曾有过三次并购的经历。

2001 年，怀着建立"大汇源"梦想的朱新礼开始寻找战略合作伙伴。在融资受限后，汇源向当时风头正健的德隆抛出了绣球。经过多方运作，5 月德隆旗下上市公司新疆屯河发布公告，宣布与汇源果汁合资组建汇源集团。新集团注册资金 8.36 亿元，其中新疆屯河出资 5.1 亿元，占大股权。汇源以大部分核心资产入股，占股 49%。当时汇源已经雄霸国内果汁市场 23% 的份额，是紧排在其后第二名的近 10 倍，而德隆当时在产融领域的运作也已经粗具规模。两个看起来完全互补的优秀企业合资之初就获得了业界的盛赞。

仅仅两年时间，汇源在国内建立、收购了 26 个大型果汁生产、加工基地，基本完成"大汇源"的全国产业布局，很多生产线也更新到国际先进水平。尽管如此，朱新礼的"大汇源"计划仍中途戛然而止。2004年年底，因继续主张"加大产业投资和产业布局"，朱新礼与资金链陷入紧张状况的德隆出现了战略上的分歧。同时，自从 2002 年以来，"德隆系"资金出现了严重问题。2003 年，朱新礼与已经陷入资金链危机的德隆就分手进行了谈判。当时，德隆并不愿意放掉这块"肥肉"，因此提出全面收购计划，以 7 倍于合资公司年利润的价格收购汇源集团所持的北京汇源 49% 的股权。但朱新礼也不甘落后，针对德隆提出了 3 年后支付收购资金的建议，朱新礼提出在最短的时间里现金收购德隆股权。

在上海经历了一周的谈判后，朱新礼在两天时间内筹到了 7 亿元的收购资金，重新将汇源收入怀中。汇源也因此成为最早也是唯一"全身而退"脱离"德隆系"的企业。

在汇源成功摆脱"德隆系"之后，不断有投资人向汇源抛出橄榄枝。2004年年初，摩根斯坦利就开始热切希望将他们的"蒙牛故事"复制于汇源。来自摩根斯坦利的投资人不止一次地向汇源描述乳业巨子蒙牛创造的成功，蒙牛每一步进展，这个在大摩一手烹制下的"乳业传奇"无数次地令其他实业巨头深受触动。和摩根斯坦利同时来到的还有英联和鼎晖——投资蒙牛的原班人马。但是尽管承受着巨大的资金压力，对于各方资本的追逐，朱新礼居然不为所动，蛰伏了将近两年。和德隆的合作始于朱新礼对资本懵懂之时，抱着开放的心态朱向德隆出让其核心资产控股权，结果德隆在两年间不仅先后从汇源合资公司获得1.7亿元分红、出售股权获利，还先后从汇源身上获得大笔借款，而给汇源留下的是高额的负债。这也许促使朱新礼开始重新思考汇源的资本之路，对资本增加了疑虑和警惕。

在众多频频找上门来的合作对象中，汇源最终圈定了台湾统一集团。2005年3月21日，汇源与统一集团通过传真形式签订了组建合资公司协议。汇源集团分拆其果汁产品业务，统一集团斥资3030万美元（约合2.5亿元人民币），双方共同组建合资公司"中国汇源果汁控股"，统一集团持有合资公司中5%的股权。与15个月前回购北京汇源51%控制权支付的5.3亿元人民币相比，此次合资的升值幅度高过400%，业界惊呼为"天价"。之后，统一持有汇源股份增长为35%。汇源与统一的这次合作，不但使汇源快速充实了资金链，竞争力加强了，也使得其营销网络系统得到了加强。

2007年2月23日，汇源成功在港交所上市，首日交易价格大涨66%，当年通过在港上市筹集资金达24亿港元。之后，因为台湾统一公司没有得到民进党批准，在大陆投资受到限制，统一的35%股份被达能和美国的华平持有。朱新礼认为，第一次跟国内的企业合作，第二次跟台湾企业合作，第三次跟美国、法国的企业合作，对企业并购是很大的挑战也是机会，你要跟不同的企业合作，同时可以借助合作方的力量快速发展你的企业。

通过资本市场的纵横驰骋，汇源已成为国内果汁第一品牌，在全国十多个城市建立了20多家现代化工厂。来自市场的公开资料显示，2007年汇源果汁销售额达到26.56亿元，增长28.6%。2008年上半年汇源饮料总产量 54 万吨，同比增长 11.11%。截至 2007 年年底，汇源的百分百果汁及中浓度果蔬汁销售量分别占国内市场总额的 42.6% 和 39.6%，分别比上年上升 1.8 个百分点和 0.8 个百分点。

3　可口可乐并购汇源的原因

汇源果汁 2008 年 9 月 3 日公告称，荷银将代表可口可乐公司全资附属公司以约 179.2 亿港元收购汇源果汁集团有限公司股本中的全部已发行股份及全部未行使可换股债券，可口可乐提出的每股现金作价为 12.2 港元。与之前不同的是，这次可口可乐将完全收购汇源。作为 2008 年最大的并购案，可口可乐收购汇源无外乎以下几个原因。

（1）中国果汁市场增长势头强劲。

多年以来，中国果汁饮料的消费量一直处于较低水平，只是世界平均水平的 1/10，人均年消费量还不到 1 公斤。但是随着消费者健康意识的不断增强，富含人体所需的多种维生素和微量元素的果汁饮料，尤其是纯果汁，正在逐渐成为消费新宠，发展势头日益强劲。行业专家预计，中国果汁饮料的市场容量将达到年产 910 万吨，前景被普遍看好。

（2）可口可乐在华战略大调整。

根据 AC 尼尔森报告，2007 年，中国果汁饮料市场大幅增长，果蔬汁是增长最快的软饮料。以价值计，果蔬汁已成为碳酸饮料后第二大饮料市场。汇源预测到 2012 年，果蔬汁饮料增长将超过碳酸饮料市场。中国果汁饮料等健康饮品无论从生产还是消费方面都已经超过了碳酸饮料，饮料市场正在进入健康时代。正是基于这样的背景，可口可乐 2008 年以来迅速调整了其在华的市场战略，全方位发展碳酸饮料、果汁、茶饮料、水等业务，誓做中国饮料市场第一极。

据欧睿国际信息咨询公司数据显示，在中国果汁市场中，汇源果汁占有 10.3% 的份额，可口可乐紧随其后，占有 9.7% 的市场份额。汇源自己公布的数据称，截至 2007 年年底，汇源的百分百果汁及中浓度果蔬汁销售量分别占国内市场总额的 42.6% 和 39.6%，继续占据市场领导地位。可见，一旦可口可乐完成对汇源的收购，其在中国果蔬汁市场的份额将大大领先于竞争对手。

（3）汇源兼具品牌影响力和行业战略资源。

资料显示，汇源果汁为目前中国纯果汁市场占有率第一的企业，2007年，汇源果汁销售额达到 26.56 亿元，增长 28.6%。2008 年上半年，汇源饮料总产量 54 万吨，同比增长 11.11%。而其他较为著名的果蔬汁品牌还有统一、农夫果园等。多年来，汇源始终专注果汁市场，年销售额超过 50 亿元，已经成为果汁市场第一品牌，凝聚了一大批忠诚的消费者。更为可贵的是，汇源近年来源加紧控制上游产业，已经在全国多个省份建立了大型水果基地，设立了 30 多家加工厂，形成了对行业战略性资源——原料的垄断性控制，从而使汇源的竞争优势更加明显，行业话语权大幅提高。

(4) 收购汇源可与可口可乐现有果汁品牌形成良好的互补。

在 100% 果汁和中浓度果汁市场，汇源多年来一直稳居市场第一，与此相对应，可口可乐目前已有美汁源果粒橙和酷儿两个低浓度果汁品牌，一旦收购成功，可口可乐将在果汁饮料市场拥有汇源（纯果汁）、美汁源果粒橙（低浓度果汁饮料）和酷儿（主打青少年）三个品牌，三大品牌优势互补，全方位占据果汁市场各个层级。

4 汇源的未来发展

随着可口可乐一声"收购"，中国第一大纯果汁饮料企业汇源果汁（01886.HK）在上市仅一年半的时间后宣布即将退市，并以 179.2 亿港元的价格将全部已发行股份出售给美国可口可乐公司旗下子公司。而素有中国民族企业家代表之称的汇源集团董事长朱新礼，通过全资控股的汇源控股，坐收超过 74 亿港元的股份出让款。选择在业绩不错时出手汇源果汁，这或许是朱新礼的明智之举。2007 年，汇源果汁上市公司及其附属公司的销售成本增长 22.8%，虽然略低于同期销售额的增长率 28.6%，但是如果考虑到其果汁产品的平均售价提高 7.5%，公司的销售成本压力显而易见。而且，为了保持市场份额，汇源果汁需要在广告、推广等方面投入更多。公司 2007 年的销售及营销开支增加 50.3%，从 2006 年的 3.8 亿元增至 5.7 亿元。

"我把上市部分的果汁饮料及罐装业务卖给可口可乐，将来可以把更多的精力和财力放到果汁产业上游。"在全国地区工商联联席会 2008 年年会暨地区经济协作项目洽谈会上，回到淄博老家的朱新礼敞开心扉谈了公司上市部分业务出售后的发展方向。朱新礼说："可口可乐收购的只是汇源产业链中的下游产业，主要是果汁饮料及罐装，即香港上市公司的主营业务，汇源还拥有果园和水果加工等上游产业。把汇源果汁饮料及罐装业务卖给可口可乐后，将来可以把更多的精力和财力放到果汁饮料的上游，积极发展中国水果品种的改造以及深加工。"他表示，我国是世界上水果产量最大的国家，品种也最丰富，但有 2 亿吨水果没有得到非常好的工业加工，目前整个工业加工比例不到 8%。在欧美发达国家，一般工业化加工的可以鲜销鲜食的水果也不到 5%，空间非常巨大。

资料显示，2006 年开始，汇源就已经把建设上游水果基地提升到战略的高度，有计划、有步骤地进行全国布局。该布局从源头抓起，围绕水果基地的建设，逐步推进市场开发。与此同时，汇源集团还在全国拥有300 多万亩的优质水果基地，其原料和生产基地已布局吉林、北京、山东、河北、湖北、新疆等十几个省市和自治区。

此次收购的另一个大赢家就是法国达能集团。当可口可乐收购计划公布后，达能随后发表声明称，目前达能拥有的 22.98% 汇源果汁股价将全部转让可口可乐，每股作价 12.2 港元。较此次汇源停牌前价格溢价 1.95倍。资料显示，达能最早与其他投资机构共购入汇源果汁 35% 股权，达能出资 1.41 亿美元，购股 22.18%。现在，达能出售 22.98% 的股权，收益 5.51 亿美元，两年时间，投资增值超过两倍。作为汇源果汁 20% 股份的持有者，这笔交易如果成功，将会带给达能一笔不菲的收益。

目前，可口可乐收购汇源果汁（01886. HK）方案已上报商务部，现已进入审查阶段。收购汇源果汁方面正面临三大困难，包括媒体过度炒作影响商务部行政，对汇源民族品牌的影响仍在估算中，以及评估收购对整个产业发展方面的影响。

（另最新消息，因为商务部未能批准可口可乐收购汇源果汁方案，从而宣告并购失败）

5　作者观点

周瑜打黄盖，一个愿打，一个愿挨，本是两相情愿的事情，但如果黄盖不是周瑜的老臣，而是刘备的部下，那么这个案子可能就不好断了。发生在国际并购中的可口可乐与汇源，以及几年前的联想并购 IBM 的个人

PC 案，都是跌宕起伏，扑朔迷离，不到最后一刻能见分晓。虽然汇源并购案最后以失败告终，但留给我们的确还有很多思索的空间。

思考与讨论

1. 你如何看待可口可乐收购汇源？

2. 从案例中我们可以看出，汇源通过前三次的并购来扩大自己的发展，那么前三次并购在汇源的战略中起到了什么作用？

3. 这次并购与前三次有什么不同？

4. 从此次的收购失败，比较联想收购 IBM 公司 PC 案例，你认为在国际并购中，被并购方政府应保持什么立场或态度？

华硕与技嘉的合资之路

杨 刚

摘 要 华硕和技嘉，作为台湾电脑主板行业两巨头企业，在
IT 行业竞争日益激烈的 2006 年选择了战略联盟，其谋划可谓众望所
归，其实施却不尽如人意，其结果可称为"不成功"。

关键词 战略联盟 华硕 技嘉

引言

2006 年 8 月 8 日，台湾电脑主板行业两巨头企业——华硕（ASUS）
和技嘉（GIGABYTE）——对外宣称将联合成立新公司，暂拟名技硕，
单独运营技嘉旗下主板和显卡业务，并预计 2007 年 1 月 1 日新公司正
式运营。此消息一出，宛如一石激起千层浪，在主板行业乃至整个 IT
行业都引起了轰动，人们不禁要问：在 IT 行业竞争日益激烈的今天，
华硕和技嘉为什么要谋划这样的战略联盟：其战略联盟未来的命运会
怎样？

1 合资背景

1.1 华硕公司背景

1.1.1 华硕发展概况

华硕，业界称为华硕电脑，成立于 1989 年 4 月 1 日。经过了近 20 年
的发展，华硕如今已经在 IT 产业占有了很高的地位。2003 年华硕的业绩
成长了 83%，达到 500 亿元人民币，2004 年突破 700 亿元。根据美国
《商业周刊》评比的全球 IT 100 强，华硕自 1998 年至今一直名列其中，
并且占有非常好的位置，在 2004 年华硕甚至还排在了全球第 16 位。

华硕电脑是全球领先的3C解决方案提供商之一，致力于为个人和企业用户提供最具创新价值的产品及应用方案。华硕的产品线完整覆盖至笔记本电脑、主板、显卡、服务器、光存储、有线/无线网络通信产品、LCD、PDA随身电脑、手机等全线3C产品。遍布全球20多个国家和地区的分支机构，以及十万余名员工，共同将华硕打造成年营业额超过165亿美元的信息产业集团。

创立十余年间，华硕胸怀成为"中国人的骄傲"之宏愿，从宝岛台湾跨海而起，将主板、显卡、ADSL Modem、CABLE Modem、无线网络产品带至全球第一的宝座，游戏代工制造位居第二，笔记本电脑、光存储产品也紧随其后名列第四。据统计，华硕迄今为止累积下的主板销量，相当于在全世界每三台个人电脑中，就有一台安装了华硕主板。

通过华硕设计师团队的努力，具备中国血统的电子产品也频频亮相于全球顶级设计赛事，并在日本G-Mark奖、德国IF奖、德国红点大奖中多次折桂。2005年，华硕W1N型笔记本电脑更是一举夺得工业设计界的奥斯卡——德国IF金奖的殊荣，创下了该奖项开办50余年来华人品牌首次问鼎的纪录。在2006年问世的全球首款皮革版笔记本S6身上，在2007年登场的全球首款双屏笔记本W5Fe身上，这种源自东方古国的人文巧思，再次赢得了全世界的赞叹。

作为一家连续9年被美国《商业周刊》列为全球IT 100强的国际级3C企业，华硕在每一个研发、生产环节都不忘肩负企业公民的社会职责，回报国人实现"共好"愿景。依靠不惜花费巨资设立的国内六座最豪华国际级电磁波实验室，华硕成为全球获得TCO'99环保认证的笔记本电脑厂商，取得了环保、生物工程、人体工学、电磁辐射、节能、电气安全性以及资源回收和有害物控制等诸多方面的权威认可。

2006年，华硕的面积三倍于苏州生产基地的上海南汇生产基地部分投入生产。与此同时，华硕内部通过精确的流程改造计划在每个部门除去错误、多余和浪费，进一步向用户提供最具价值的产品和服务。同年，华硕被《华尔街日报》评为中国台湾省企业品质与服务第一。在中国内地，设立于华北、华东、华中、华南、东北、西北及西南七大区域的华硕销售平台，亦将华硕高品质的产品、创新的技术和令人感动的服务，为国内每一位消费者倾力呈现。

1.1.2　华硕的经营哲学

A. 愿景

华硕电脑成为提供完整 3C（电脑、通讯、消费性电子产品）解决方案之供货商。

B. 使命价值

身为改革潮流中的领导者之一，华硕的使命是借由提供不断创新的 IT 解决方案，激励华硕的使用者发挥最大潜能。

华硕新产品研发的原则是先扎稳根基后再向外延伸。华硕先从电脑零组件着手，从主板、显卡到光存储设备，延伸到台式准系统、服务器、笔记本电脑、PDA 随身电脑、宽带网络设备、无线通信设备、数字信息家电以及移动电话等。

C. 落实使命

对科技无限热爱。技术是华硕的核心，因为持续不断的投入心血于世界级的研究和发展，才能够提供个人和企业领导趋势的创新产品。

品质至上、永不妥协。高品质对于华硕来说是最重要的坚持，在每一个流程中时时检讨品质管理与细节，为的就是要让华硕客户们能享有符合经济效益的高品质解决方案。

长期合作关系。不论是不是华硕的客户、媒体、股东或是一般消费者，华硕深信合作伙伴在各个阶段都可以与华硕一起互相成长。和事业伙伴保持良好的关系，是华硕能够不断在各方面持续成功最主要的关键。

坚忍不拔。所有华硕的员工都有着共同努力的目标，并在压力之中学习成长，勇于接受挑战。借由全公司上下努力不懈完成使命，期望每一个人都可以享受到科技创新所带来的便利。

D. 经营理念

培育、珍惜、关怀员工，让华硕人尽情地发挥最高潜力。

1.2　技嘉公司背景

1.2.1　技嘉的发展概况

技嘉公司，业内称之技嘉科技，成立于 1986 年，是台湾地区第二大专业主板制造商，产品包括电脑、通讯与消费性电子产品。技嘉在海外有众多子公司。1998 年 10 月成功上市。迄今为止，技嘉已通过 ISO-9001/9002/14001 等多项国际认证，是被 Intel 公司授予 "Intel Official Direct Account"荣誉称号的台湾主板制造商,也是荣获 1998 年度"台湾磐石奖"的仅有两家主板制造商之一。1999 年 6 月美国《商业周刊》报道全球前 100 大资讯科技企业,技嘉位居第 41 位。"Upgrade your life!"便是技嘉对用户们所作出的承诺。

技嘉科技长期专著于领导科技发展潮流和为用户提供品质卓越的产品,并拥有多项优秀的专利技术。其产品符合各项专业规范认证,在全球各专业杂志的综合评选中获大奖无数,并于 1997、1998、1999 年蝉联"台湾精品奖"。技嘉在汉堡、洛杉矶、大阪、伦敦、巴黎、北京、上海、广州等地设有分公司和办事处。

技嘉科技自 2000 年 4 月开始实施新的产品质保政策:三年保修,一年保换良品。现在,北京、上海、深圳三地分别设有技嘉科技维修服务中心。2000 年 8 月,技嘉共售出 100 万片主板。在此之前,全球只有两家公司达到该业绩。在过去的 10 年,技嘉科技在销售额和市场份额方面都获得了突飞猛进的增长。从 1995 年销售的 91.9 万片主板到 2000 年销售的 1000 万片主板,技嘉的销售量达到了令人惊奇的 10 倍增长。同时在销售额上,从 2500 万美元增长到 7.86 亿美元只用了 8 年的时间。在 2000 年,技嘉台湾的市场份额达到 12.5%,在全球的市场上达到 10%。

如今的技嘉科技,在国内已成为一线主板品牌,出货量与同为一线的微星科技(MSI)不相上下。

1.2.2　技嘉的经营哲学

A. 愿景

技嘉科技以"成为永续经营的高品牌价值之世界级企业"为愿景,建立 GIGABYTE 品牌并行销全世界,在产品与服务中体现企业核心价值,以资讯制造业的领导品牌逐步落实公司愿景。

B. 理念

技嘉科技自创立起以"创新科技,美化人生"为理念,致力于关键技术的研发、产品设计的创新与品质服务的强化。为打造客户全方位的科技生活,从产品前端的设计与研发到后端生产,成功整合主机板、显示卡、PC 相关产品、笔记本型电脑、伺服器与网络通讯产品的各项优势,提供优质的 IT 产品与服务以满足并超越市场客户的需要。

C. 承诺

技嘉的策略重点一向是:将研发放在首位,同时注重质量。努力给市场带来高附加品质的产品。为了能在这个持续变化的行业保持领先的地位，技嘉同时提供完善的技术支援和产品服务，并试图在全球范围内与客户保持密切的联系。研发一直是技嘉策略的重点，致力于制造高科技产品，增加产品性能，以增加产品在国际市场的竞争力。在管理方面，技嘉也有自己的目标。强化企业形象、质量控制和增加国际市场份额，是技嘉重要的目标。当质量提高、成本降低，必然会在市场上长期保持竞争力。为了达到最佳效果，所有生产将会程序化，管理也将系统化。技嘉同样也是以人为导向的公司，与所有共事的人分享成就，重视有能力且忠诚的员工，并认知顾客乃企业成功之命脉。

1.3　电脑主板行业背景

1.3.1　行业整体现状

2005 年全球主机板产业总产值达 80.9 亿美元，2006 年上半年全球主机板产业总产值已从 2005 年上半年的 37.5 亿美元衰退至 36.7 亿美元。由于前几大品牌的 PC 厂商持续扩张市场占有率，板卡通路市场的衰退更甚于整体市场。

产业主板业已经由比拼技术发展到比拼成本的阶段。近年来，不管是华硕、鸿海、技嘉、微星还是精英，利润都降到了前所未有的低谷。这使得主板市场淘汰赛热度始终未减，利润缩水，上游订单减少，DIY 市场回缩……2005 年就有一大批华南板卡类小厂倒闭。

1.3.2　主要竞争格局

2003 年，技嘉将其低端的主板产品委托给了鸿海来代工，鸿海随后在主板制造市场不断扩张。市场一度传言鸿海对另一板卡厂商微星垂涎已久。这都给华硕带来极大的竞争压力。2005 年，鸿海开始发展自主品牌路线之初，就企图兼并在通路和品牌上兼有所造诣的技嘉，此举引起华硕的高度警觉。经过一年的发展，2005 年鸿海主板自有品牌及代工业务出货量突破 4000 万片，其中代工出货约 3200 万片，鸿海预计 2006 年主板自有品牌出货量上涨到 900 万片，达到创纪录的 4900 万片。

如果富士康成功兼并技嘉，其 4000 万片销量累计技嘉的 1650 万片销量，将首次超过华硕的 5200 万片销量。如果华硕成功收购技嘉，预计双方 2006 年全年出货量将达 7800 万片，将占全球主板市场 45% 的份额，继续拉大与鸿海、精英、微星等主板大厂之间的差距，巩固市场地位。

表 1   **台湾地区一线主板厂商 2002—2005 年出货一览表**   （单位：万片）

	2002 年	2003 年	2004 年	2005 年
华硕	1800	2950	4262	5200
精英	1765	1830	1667	2000
微星	1310	1500	1412	1800
技嘉	1170	1378	1490	1640

资料来源：各公司年报报表。

2 合资过程

2.1 缘起

2.1.1 技嘉方面

技嘉作为台湾历史悠久的主板生产厂商，曾经和华硕、微星并称行业三巨头。

早在 2002 年，技嘉就有意开拓主板外的市场。在多元化道路上，技嘉曾紧跟华硕步伐将产品线延伸到处理器、内存、硬盘及网络设备、光存储等领域，始终未能成功。后来，技嘉和广达合作成立了专注笔记本品牌事业的盈嘉，成立了专注于手机事业的集嘉，并且将其他不同业务与合作伙伴成立子公司运营。对技嘉而言，华硕在笔记本等方面的成功经验显然比鸿海单一的业务模式更有吸引力，与华硕联手对其转型可能就更为有利。

2003 年，技嘉为降低制造成本，将部分主板委托鸿海代工，引起业界震撼，此后市场关于技嘉将被鸿海并购的传言（同期还有传说将被华硕或精英并购）就不绝于耳。自此埋下技嘉板卡主业不保的伏笔。

2006 年上半年，技嘉出货量约为 803 万片，仅完成全年目标（1800 万片）的 44.6%。并且近年来主板产业竞争激烈，价格战频起，导致其税后盈余及毛利率一路下滑。据该公司财报显示，2006 年第一季度的平均毛利率为 8.81%，首度跌破 10%，税前盈余 1.54 亿美元，较 2005 年同期减少 53.14%，创下历史新低。技嘉遭遇 20 年来最大的业绩滑坡。

同期，自 2006 年 4 月开始，技嘉在股市表现低迷，常有负面消息传出：主板渠道出现前所未有的混乱，取消渠道返点，疯狂塞货，砍掉代理使渠道扁平化。这样的混乱甚至使得神州数码与这家台湾公司在 AMD 系产品上合作不到一年后即告终止。雪上加霜的是,技嘉在多元化业务上也频繁出现失误,手机、笔记本、外设、光存储等业务均未能做大。

另据统计,在技嘉的全部业务中,主板营业收入就占总营收的 63.45%。

2.1.2 华硕方面

华硕向来以主板行业的龙头老大自居。据中国计算机零配件市场研究年度报告显示,2005 年度,华硕共售出了 5200 万片主板,市场份额高达 35%。即便这样,他们仍然无法做到高枕无忧,鸿海的主板出货量为 4000 余万片,落后仅 1000 余万片。

华硕近年来其业务重心已转移到 3G 市场,对主板的投入已大幅减少。面对鸿海咄咄逼人的气势,华硕想进一步与之拉开距离,最直接的办法就是扩大主板业务规模。然而此时,收购一家品牌形象良好、产能较高的主板公司似乎是华硕的最佳选择。所以早在 2005 年,就与技嘉内部频繁接触。

华硕方面担心,鸿海的出货量仅小幅落后自己,如果对手收购技嘉成功,就极有可能在市场份额反超。最重要的是担心,技嘉的良好渠道可以弥补鸿海的市场缺憾。

2.1.3 鸿海方面

从 2005 年起,鸿海确实多次与技嘉探讨合作的可能,鸿海并购策略主要是以维持主板高增长为主。鸿海主要是想借机扩大自己的品牌,不愿为技嘉品牌作出牺牲。技嘉董事会担心,与鸿海合作可能会导致自己品牌的消亡,这直接导致了双方洽谈的最终破灭。

2.2 正式合作

2006 年 8 月 8 日,台湾主板两巨头企业——华硕和技嘉联合成立新公司,暂拟名技硕,单独运营技嘉旗下主板和显卡业务。根据双方达成的协议,新公司预定资本额 80 亿元新台币(以下同,约 19.4 亿元人民币),其中华硕以 40 亿元现金入股,技嘉则以资产作价入股,若不足另 40 亿元再以现金补齐。

双方投资比例相当,但股本分置和董事会成员设置却并不相仿,技嘉和华硕分别持股 51% 和 49%,前者指派 3 席董事及 1 席监事,后者仅指派 2 席董事及 1 席监事。这表明,华硕在新公司中不具话事决定权。

2.3 预期

近年来华硕以及鸿海在主板销量上的领先优势越来越明显，原本占据一定市场份额的一线生产厂商微星、技嘉、精英正慢慢丧失原有优势，主板市场基本形成华硕对鸿海的寡头竞争局面。品牌、技术、产品和成本都不占优势的二线厂商几乎没有招架的余地，纷纷转型甚至离开主板市场。浩鑫转型生产准系统，佰钰也淡出主板市场转战消费电子，现如今也只剩映泰、捷波等几员老将依旧在苦苦支撑。

这些仅剩的二三线厂商，一方面要与一线厂商愈来愈低的价格拉开差距，另一方面又要与同为二三线品牌的"阶级盟友"竞争。

2.4 合作结果

2007 年 3 月 22 日，华硕电脑与技嘉科技同步召开董事会，向外界公布双方合资公司技嘉联合将被无限期搁置。先前华硕答应将在 2007 年 1 月投入 40 亿新台币资金的计划，也遭无限期搁浅。

3 合资反响

2006 年 8 月 9 日，由于受到华硕和技嘉成立合资公司的消息刺激，两公司在台股市场一直呈现高开走势。

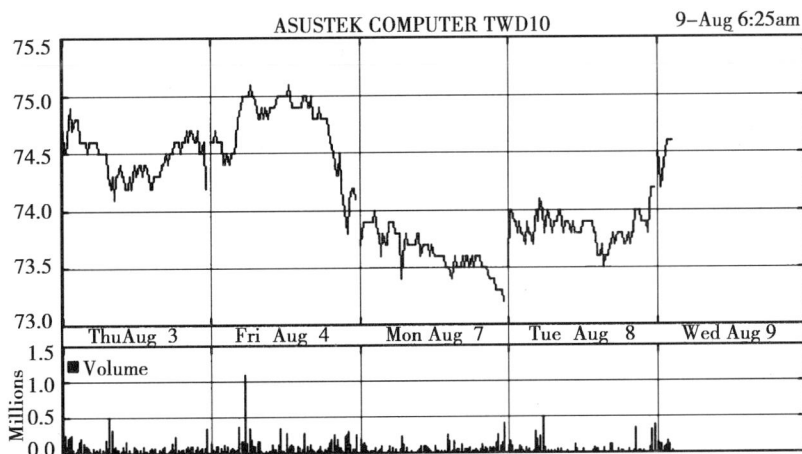

图 1 华硕近 5 日股价走势，最近交易价：74.40，上涨：0.20（0.27%）

2007 年 3 月 22 日，华硕和技嘉的合资案搁浅消息一出，华硕和技嘉的股价均出现波动，不同的是，华硕跌 1.6 新台币，收于 81.7 新台币，

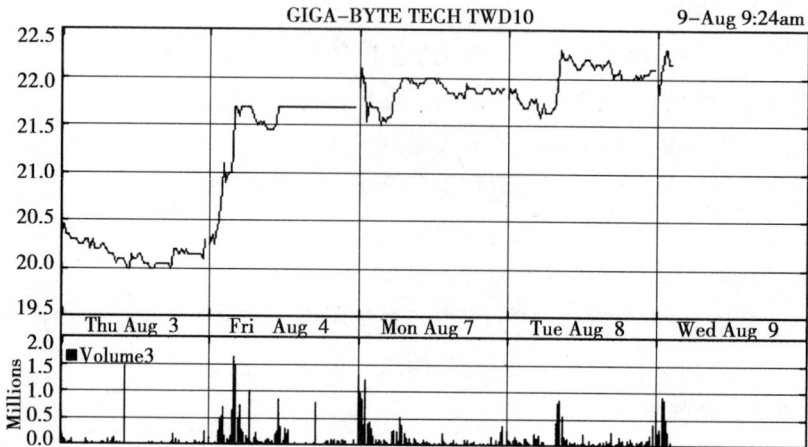

图 2　技嘉近 5 日股价走势，最近交易价：22.15，上涨：0.05（0.23%）

而技嘉一扫连日弱势表现，成交量暴增拉升尾盘，上涨 0.7 新台币，收于 23.1 新台币。

4　作者观点

企业战略联盟决策作为公司发展战略的一部分，应该符合公司战略的相应规律。案例中两大企业——华硕和技嘉，所作的战略联盟决策是否符合各自的公司战略呢？这是本案例带给读者的核心思考。此问题得以根本解决，才能给华硕和技嘉之战略联盟一个正确的评价和判断。顺着这个思路，读者们就可以为两个公司找到战略联盟决策的合理方法和正确答案。

思考与讨论

1. 在当时的市场环境下，华硕的战略联盟战略是否正确？其战略决策应该是什么？为什么？

2. 在当时的市场环境下，技嘉的战略联盟战略是否正确？其战略决策应该是什么？为什么？

3. 请结合相关情况分别设计出华硕和技嘉的发展方向。

神龙汽车的发展之路

杨 刚

摘 要 从 20 世纪 80 年代开始，历经数年，并经历了不少磨难，1992 年 9 月，随着第一辆"富康"轿车的下线，神龙正式诞生，并与上汽大众、一汽大众并称为三小，成为中国民族轿车工业的希望。经历神龙一期及二期的投入，神龙却被远远地抛在后面，如今原来的吉利、夏利、奇瑞汽车等小辈也纷纷崛起，神龙的未来又在何方？

关键词 发展战略 神龙公司

引言

2006 年 10 月 27 日，在一片锣鼓礼炮声中，位于武汉沌口经济技术开发区的神龙二厂奠基仪式隆重召开，法国总统希拉克亲临现场与中共中央委员陈至立、湖北省省长罗清泉等领导一起为新工厂奠基铲下一锹锹黄土。神龙二厂的奠基开工，代表着该公司的二期建设工程正式拉开帷幕。神龙二厂规划年产能 15 万辆，与第一工厂隔路相望，据称可以统一利用原有的各种资源，更好地节省物流运输、生产组织、现场管理等方面成本，预计在 2009 年建成投产，投产之后该公司将最终达到年产 45 万辆整车能力。

神龙"二期"工程的启动真会给神龙带来新的变化吗？

1 行业背景

1.1 中国汽车市场概况①

从 20 世纪 80 年代中后期开始，一系列的立项、考察、谈判反反复

---

① 所有数据来自互联网。

复，历经数年，1992 年 9 月，第一辆 "富康" 轿车终于下线，中央领导亲自听取了汇报。当时，神龙与上汽大众、一汽大众并称为三小，成为中国民族轿车工业的希望。

20 世纪 80 年代末到 21 世纪初，国内汽车市场基本形成了数分天下的格局：德国大众和日本丰田分别与一汽成立了一汽大众和一汽丰田；美国通用和德国大众分别与上汽成立了上海通用和上海大众；标致雪铁龙集团和东风汽车则成立了神龙汽车。此外，日本本田和广州汽车集团以及东风汽车分别成立了合资公司。跨国巨头和中国几个大汽车集团的合资加速了中国汽车业的发展。

2003 年，中国汽车市场更是保持快速增长的势头，全年汽车产销量突破 400 万辆，同比增长超过 30%，跨国巨头在华推进的步伐也更加紧促。而在这其中，新项目合作开展最多的就是戴姆勒—克莱斯勒，2003 年 9 月 8 日，戴—克与北汽控股签署了战略合作框架协议，在协议中，戴—克确认中国是其最重要的发展区域，并确认将北汽控股公司作为重点合作伙伴长期合作，合作产品将包括多种乘用车、高级轿车、各种商务用车及关键零部件等，双方合作项目的投资总额预计为 10 亿欧元。

随后，福特汽车公司也加快了在中国的脚步。2003 年 10 月，福特汽车公司董事长兼首席执行官比尔·福特与长安汽车集团签署了一份意在扩张双方战略合作伙伴关系的谅解备忘录，其中包括：双方在未来几年内共同投资超过 10 亿美元用于把长安福特的产能从年产 2 万辆提高到 15 万辆并建设一个新的轿车厂和发动机厂。

福特前脚刚走，通用汽车公司董事长兼首席执行官瓦格纳接踵而至。瓦格纳把凯迪拉克和通用的汽车信贷业务带到了中国，他同时表示，中国政府提供的良好投资环境促使通用汽车把中国作为最重要的投资市场。作为回报，通用汽车承诺将继续充分利用其在全球的丰富资源，以最快和最有效的方式全面提升在华业务。

另外，日系车也在中国开展了一系列扩张运动。

截至 2003 年 10 月，以国产宝马在沈阳下线并在全国上市为标志，全球汽车业的核心——"6 + 3" 跨国巨头们（通用、福特、丰田、戴姆勒—克莱斯勒、大众、雷诺—日产、宝马、本田）基本上已顺利完成了在中国的本土化生产布局。而此时，PSA 在华生产的 5 大车型（富康、富康 988、毕加索、爱丽舍、赛纳）年产量还不到 10 万辆。作为中国市场的先行者，PSA 在华的地位受到空前的挑战。

1.2　合资方——法国 PSA 集团简况

作为欧洲第二、全球排名第六的汽车制造商，法国 PSA 集团当然不会甘心落后。要争夺中国汽车市场这块大蛋糕，就必须把全系列车型拿到中国来，标致当然不能例外。一方面，PSA 的合作伙伴——神龙公司的生产经营形势保持着快速发展的良好势头，2001 年到 2003 年，实现年产销量翻番，2004 年销售目标预计 14 万辆。另一方面，标致公司本身也发生了巨大的变化，在与雪铁龙组建 PSA 集团后，成功实施了共用平台战略，降低了成本，加上新一代标致汽车卓越的设计，在过去 5 年里标致汽车总销量增长了 62%，成为目前世界上销售增长率最高的汽车企业之一。从 2003 年下半年开始，东风标致就开始超前搭建营销网络（蓝盒子计划），到 2003 年年底，已对 700 家经销商进行了审评。

提前搭建营销网络，不仅能最大限度地给消费者提供优质服务，而且能将企业的触角伸至市场末梢，第一时间获得市场的反馈。这不仅是标致在全球市场的成功经验，也是他们从广州标致项目得出的教训。根据计划，到 2004 年年底，将设立 80 家"3S"销售点，覆盖中国 40 座大城市。另外，2005 年上半年将对这 80 家"3S"销售点在北京和武汉两个中心进行培训，培训内容包括技术和商业技能。

1.3　中国汽车市场竞争格局

神龙公司现在所面临的形势，较之轿车老三样时期要复杂和险恶得多。当年大众、桑塔纳与神龙富康三足鼎立的时代一去不复返了，如今不单另外两强将神龙远远抛在后面，原来的一帮"乌合之众"如吉利、夏利、奇瑞汽车等辈也纷纷崛起，后来居上，登堂入室，将昔日的神龙踩在脚下，肆意羞辱。

根据车研网的一组统计数据显示，2006 年 1—9 月轿车销量排名前十位的企业依次是上海通用、上海大众、一汽大众、北京现代、奇瑞、一汽丰田、广州本田、吉利、一汽夏利和神龙，分别销售 26.76 万辆、24.40 万辆、24.34 万辆、19.10 万辆、19.08 万辆、16.25 万辆、15.91 万辆、14.70 万辆、14.67 万辆和 14.55 万辆，神龙汽车名列第十，其系列车型的市场总占有率仅为 5.35%，与市场占有第一名上海通用的 9.8% 相去甚远。另外，销量排名前十位的轿车品牌亦大白于天下，分别是捷达、伊兰特、凯越、夏利、桑塔纳、奇瑞 QQ、雅阁、领驭、旗云、花冠，销量分别是 13.08 万辆、12.78 万辆、12.75 万辆、12.60 万辆、11.88 万辆、9.32 万辆、8.84 万辆、7.99 万辆、7.48 万辆和 6.21 万辆。神龙系列车型无一上榜。相反，在销量最差前十名中，神龙旗下车型独占两席，分别是东风雪铁龙—毕加索、东风雪铁龙—赛纳。

　　相形之下，比神龙晚数年上市的多家汽车公司则要活得滋润得多，1997 年成立的上海通用，总投资为 15.2 亿美元（折合人民币 120 亿元），虽然和神龙公司同属典型的"高起点、大投入"项目，但其在短短 9 年间就超过 20 万辆的产销量，名列中国轿车企业产销量第一名。而轿车业的另一只翘楚广州本田于 1998 年 7 月 1 日成立，首期工程的总投资仅有 20 多亿元，但通过快速发展扩张，产销也从 3 万辆、5 万辆、11 万辆迅速达到近 20 万辆。而以神龙公司如此大的投入，呼喊着"中国家轿第一品牌"的口号，成绩单下来，竟然只是个倒数。

2　神龙汽车的发展过程

2.1　发展历程①

　　1992 年 5 月 18 日，雪铁龙汽车公司与东风汽车公司的合资公司——神龙汽车有限公司（DCAC）正式成立，总投资额达 131 亿元，年产能为 15 万辆，生产富康轿车。该公司是中国东风汽车公司与法国 PSA 标致雪铁龙集团、法国兴业银行等股东合资在我国湖北省兴建的轿车生产经营企业，设计建设规模为年产 30 万辆轿车、40 万台发动机。一次规划，分两期建设。国家计委 1988 年 4 月 16 日对该项目正式批准立项，由于受国内和国外形势双重影响，1992 年才破土动工。但是，由于在合同中接受了大量法国政府和商业混合贷款的苛刻条件，131.58 亿元的总投资，实际注册资金仅 25.89 亿元，神龙公司从诞生之日便背上了沉重的债务，每年上交银行利息十几亿元，到 1996 年第一辆富康轿车下线时，其年度预算是令人瞠目的亏损 28.5 亿元。引得国内外媒体一片惊呼：神龙将成为广标第二！在巨大的压力下，神龙公司第一任总经理宋祖慰苦撑数年，于 1996 年富康车正式下线前夕不辞而别。但由于受到标致在广州业务的影响，雪铁龙在中国的步伐显得更为谨慎，合资公司直到 1997 年才试生产，

---

①　资料来自神龙公司网站。

由于东风所出的 100 亿元资金完全来自贷款，一年要付给银行的利息是 13.3 亿元，所以公司一开始就亏损，并且亏损额达到了 29 亿元，大有重蹈覆辙之势。

2000 年 7 月，在国家计委、经贸委及湖北省、十堰市领导的大力支持下，神龙说服法方增资扩股，与信达、东方两家资产管理公司达成债转股协议——成为中外合资企业唯一一家实现债转股的企业，从而化解了 31 亿元债务形式的利息压力，同时引进雪铁龙公司第二次注资 9.6 亿法郎，60 亿元资本的股比结构为，中方：东风汽车集团 31%，中方银行 39%；法方：雪铁龙 26.9%，法方银行 3.1%。资产负债率从 92% 下降到 67%，神龙公司的财务状况有所改善。

在产品方面，被市场"冷落"三年的富康此时也借助自身优势打开了一片天地，除出租车市场外，富康、桑塔纳和捷达在家用车市场三分天下。这次引资，甩掉了包袱，年底神龙公司轿车销量达到 5 万辆，一举实现经营性赢利 2.75 亿元，暂时摆脱了亏损的泥淖。

2001 年，神龙公司销售汽车 5.4 万辆，赢利 2.8 亿元。同时引进雪铁龙萨拉毕加索车车型。

2002 年 6 月，雪铁龙爱丽舍上市。2002 年 10 月 25 日，东风汽车公司与 PSA 集团扩大合作的合资合同签字仪式在北京人民大会堂举行，合作的主要内容包括：实现增资，调整双方股比，双方增资 10 亿元人民币，其中东风 3.7 亿元，PSA 6.3 亿元；建立武汉和襄樊两个生产基地；成立合资公司的产品研发中心，提高研发能力与水平。DCAC 公司更名为 DP-CA（东风标致雪铁龙汽车公司），总资产达到 70 亿元人民币。

2003 年 5 月，雪铁龙赛纳车推出。虽然 10 年间 PSA 有了这些变化，但法国人的浪漫和高傲使得他们的一些决定显得有些犹豫和优柔，神龙缺少车型，特别是缺少 PSA 旗下的标致车型是业内人士一致的看法。而且 PSA 旗下的雪铁龙毕加索和赛纳都是"叫好不叫座"，法国人的浪漫唯美在这两款车上体现得淋漓尽致，可是他们却超越了中国消费现有的消费观念。

与此同时，神龙汽车却迟迟未能打开预期的销售局面，即便在历史最高的 2005 年产销量也不过 14 万辆，实际具有的 15 万辆产能被长期闲置，造成严重的资源浪费不说，还要耗费大量设备维护和保养费。按照国家相关规定，企业固定资产折旧率为每年 10%，加之神龙公司历年平均设备闲置率达到 50%，照此推算，如果神龙一期项目总投资 131 亿元有 80 亿元用于购置设备的话，单闲置设备一项就多花了 40 亿元，等于白白买了放在那里生锈报废。

2.2 神龙二期的期待

据有关报道，2003 年中国轿车的产销量突破了 400 万辆，占据世界四强。有关专家曾预测，2004 年轿车的产销量仍将以 20% 左右的速度递增，未来 5—10 年将是我国汽车工业发展的稳定期。而 2002 年神龙公司实现产销量分别达到 84378 辆和 85048 辆，同比增长了 57% 和 60%；2003 年，神龙公司历史性地实现了 4 个 "1" 的跨越，即产销超过 10 万辆、产值和销售额超过 100 亿元、上缴税金超过 10 亿元；截至 2003 年年底，神龙已累计生产销售东风雪铁龙富康、毕加索、爱丽舍、赛纳四大系列品牌车 40 余万辆。

另据报道，神龙平均每天 560 辆的产量已经使现有设备达到满负荷状态，能力不足和产品的相对单一正成为制约神龙公司进一步发展的 "瓶颈"。神龙公司要想进一步发展，就必须进行能力的提升和产品的升级。基于这样的考虑，东风公司、PSA 集团和神龙公司经过多次研究和协调，并报国家有关部门批准，决定适时启动神龙公司 30 万辆工程建设的项目。

"二期" 工程总投资为 6 亿欧元，相当于 60 亿元人民币，等于再造一个 "新神龙"，预计至 2006 年 10 月全面竣工。届时，神龙公司将在产能、多品种混流生产组织、制造技术上得到全面提高，将建成与 PSA 集团同步、具有世界先进水平的生产线，确保每年投放一个新的基本车型。

"二期" 工程将为神龙公司的生产经营实现可持续发展，带来一系列重大的变化：一是三年内生产能力大幅度提高，由 15 万辆提升到 30 万辆。二是产品结构不断丰富，2004 年神龙公司生产的车型将达到 6 个，即东风雪铁龙品牌的富康、富康 988、毕加索、爱丽舍、赛纳及今年投放市场全新的东风标致 307，动力总成匹配多种高性能发动机，环保先进性始终处于国内领先水平。三是以最经济的投入，实现资源效益的最大化。预算总额 6 亿欧元的投资，其中 1/3 经费用于完善提高合资企业的产品技术创新能力。四是导入具有国际先进水平的 PSA 标致雪铁龙集团 "共用平台" 发展模式，全面形成三个 "共用平台"，即除了目前的共用生产平台之外，还将建成一个中级轿车和一个小型轿车的共用生产平台，进一步提高产品质量、降低生产成本。五是全面构筑东风标致、东风雪铁龙

"双品牌"经营的格局，建立各自独立的营销服务网络体系，形成相互竞争、相互促进、共同发展的市场开拓局面，更好地满足用户需求，倾力打造中国家轿最有价值的品牌。

随着"二期"工程的投建和竣工，神龙将在同一条生产线上，生产两种不同的品牌车：即东风标致和东风雪铁龙。在此期间，标致期望以崭新的形象在中国车坛"东山再起"。

3　作者观点

作为国内企业品牌之一的神龙，今天与同行业其他国产品牌相比较，神龙肯定不算是成功的。有着行业发展的广阔机会，也有着企业内外部强大的支援，神龙却做成今天的业绩，我们没理由不怀疑其种种决策，特别是战略决策的正确性。从战略本身而言，神龙需要有其定位；从行业情况来看，神龙更需要有所取舍。顺着这样的思路，神龙二期的战略就该明确。

思考与讨论

1. 神龙"二期"工程的战略决策是否正确？为什么？
2. 神龙未来的发展方向应该是什么？为什么？
3. 在中国竞争日益激烈的汽车市场上，神龙汽车怎样才能更好地培育竞争优势，参与市场竞争？

乐凯的战略转型之路

杨 刚

摘 要 作为中国影像信息记录产业中规模最大、技术力量最强、产品品种最多、市场覆盖面最广的跨地区的现代化企业，乐凯如今的发展却并不顺利。期待乐凯在经历了种种战略转型后能尽快实现新的腾飞。

关键词 战略转型 乐凯

引言

曾经高举民族品牌大旗，乐凯在胶片市场背负了浓重的爱国情结。在数码时代来临的时刻，胶片市场不可逆转地萎缩了，是随着整个胶片市场的衰退而成为历史的一个记忆，还是即时抽身选择新的发展方向？如今的乐凯正在大力推进战略转型。

1 案例背景

1.1 乐凯的发展概况[①]

中国乐凯胶片集团公司是我国影像信息记录产业中规模最大、技术力量最强、产品品种最多、市场覆盖面最广的跨地区的现代化企业，是国资委出资的 166 家大型国有企业之一。产品涉及影像记录材料、印刷材料、膜材料及涂层材料、精细化工四大产品系列 100 多个品种，不仅畅销全国，而且出口欧、美、亚、非等 80 多个国家和地区。其中，乐凯彩色胶卷和彩色相纸双双荣获国家银奖和国家科技进步一等奖，2005 年 9 月又

---

① 资料来自乐凯公司网站。

双双荣获"中国名牌产品"称号,在国内分别占有20%和30%的市场份额;华光牌印刷胶片、PS版的市场份额都达到50%以上。具有自主知识产权和反映印刷版材最高水平的CTP系列版材填补国内空白,巩固了"华光"品牌国内印刷材料第一品牌的地位。"乐凯"商标被国家商标局认定为"中国驰名商标","华光"商标在国内印刷业享有盛誉,产品市场占有率连续多年稳居全国首位。2005年,乐凯荣获国家首批"中国出口名牌"称号;2006年6月,华光获首届中国印刷机械器材品牌(用户)满意度调查用户满意品牌奖。公司分别通过了GB/T19001—2000质量管理体系认证和GB/T24001—2004环境管理体系认证。

乐凯拥有国家级企业技术中心和国家级感光材料工程技术研究中心,拥有中国工程院院士、博士、高级工程师以及各类专业技术和管理人员2000余人。乐凯建立并逐步完善了"多层次、开放式"研发体系。对科技人员实行了总经理特别奖、重大项目成果奖、技术创新奖、项目奖励等技术要素分配办法;在高新技术企业实行了按新开发上市产品附加值提成及利润留成的办法,取得了较好的激励效果,促进了科研开发速度和产品结构的调整。"十五"期间,乐凯荣获省、部级科技进步奖励13项;累计申请专利125件,其中发明专利87件。主持制定并已发布实施的国家标准、行业标准9项,国家军用标准1项;荣获国家级重点新产品称号2项;承担国家863计划项目2项,其中"数码彩纸开发及产业化"已于2005年8月顺利通过科技部组织的验收。公司承担的1112军工胶片于2005年10月顺利通过国防科工委验收,并圆满完成了5颗返回式卫星的胶片保障任务。"十五"期间,乐凯主营业务收入增长了34%,企业净资产增长了50%,出口创汇的平均增长速度达到27%。

1.2 行业情况

据了解,2004年全球民用胶卷的销售在30亿卷左右。但是,由于中国的感光材料消费还处于一个比较低的水平,每年仅有2.3亿个感光材料胶卷销量,年人均消费量仅为0.15卷,与世界年人均消费0.5卷水平还相去甚远。从全球发展形势来看,在一些地区如中国、印度、俄罗斯等国,传统照相产品年销售增长率将继续保持在10%左右。所以随着中国国民经济的迅速发展和人民生活水平的进一步提高,21世纪中国将成为世界最大的感光材料市场之一。

乐凯所占市场份额大约在4000万个左右,而且相当数量的中小城市和农村仍具有增长潜力。乐凯公司曾期望到 2008 年，在全面完成与柯达公司合作项目后，乐凯彩卷的销量能增加 3 倍。

过去世界感光材料市场为 800 亿美元，而现在信息图像市场是 3850 亿美元。信息时代的顾客具有多元化、全方位的需求变化趋势，正是靠感光材料和数码成像共同支撑着的。

从技术发展前景看，传统银盐胶卷同样具有广阔的发展空间，并呈现出传统银盐与数码技术相互融合、相互促进共同发展的趋势。技术上被认为趋向成熟的传统银盐技术仍在不断完善，快速向高感光度方向发展，影像质量进一步提高。世界各大公司推出的新型高感胶片中，应用了许多新技术新材料。例如，爱克发 Vista、Ultra 和 Futura II 品牌的所有胶片均采用了"人眼感色技术"，能最大限度地再现自然色彩，胶片的感色性可最大限度地接近人眼的色彩感觉。

然而，国内传统胶片产业已经江河日下。根据乐凯股份预计，2008 年国内彩色相纸市场的容量与 2007 年基本持平，而彩卷市场容量将下降 40% 左右。

2　乐凯战略转型过程

随着传统感光材料市场容量的持续下降，我国感光材料行业硕果仅存的乐凯胶片股份有限公司（以下简称"乐凯股份"），早已在逐步寻找新的发展机遇。

2.1　经营方式转型

1997 年，乐凯集团重组其属下彩色感光材料生产、科研、销售相关生产经营性资产，以募集方式设立了股份有限公司；1998 年 1 月，乐凯股份在河北保定国家高新技术产业开发区注册成立。

2003 年 10 月 29 日，伊士曼柯达公司和乐凯签署了一项为期 20 年的合作协议。柯达以受让股份、生产技术转让等方式与乐凯建立合作关系，投入现金和其他资产约 1 亿美元，换取乐凯 20% 的股份。

2007 年 11 月 8 日晚，柯达和中国乐凯胶片集团公司对 2003 年 10 月签署的协议进行了一轮新的修订，柯达在获得 4600 万美元的收益后，不再持有乐凯股份。同年 11 月 13 日，曾经作为中国外资技术合作典范的乐凯、柯达合资项目正式走到了尽头。而在乐凯发布的七项上市公司公告中显示，乐凯执行了向柯达转让协议中规定的 20% 股份后，柯达又向第三方——广州诚信创业投资有限公司，出售其所持有的 20% 乐凯股份，获得 3700 万美元收益。柯达还将获得乐凯向柯达支付的专利许可费 900 万美元，该资金将在一年内分三次支付。

2.2 业务转型之一——数码相纸及打印

早在 2002 年 9 月，"数码彩色相纸的开发及产业化"就被列入国家 863 计划项目，2005 年完成科技部验收。乐凯锐彩数码彩色相纸在开发过程中，有多项新技术取得突破，其中五项创新技术属于国内独创。通过一系列工程化的研究，乐凯 SA-5 锐彩数码相纸于 2004 年 4 月成功实现在线生产和上市。

而在那个年份，中国数码相机市场呈现出稳步增长的发展态势，被业界称为"井喷年"。乐凯生产的数码相纸一时间被应用于各种数码彩扩机。从 2004 年 4 月开始投放市场，三年间销量增长 66 倍；到 2007 年 10 月，此项产品实现销售收入累计超过 3 亿元，出口创汇超 1000 万美元。乐凯锐彩数码相纸的国内市场占有率也已经达到 30% 以上。

除了数码相纸的生产，乐凯研发的干式非银热敏打印为企业带来了新的利润增长点，也标志着乐凯在数字医疗影像领域取得了突破性的进展。业内人士分析，作为一种新型环保、可靠、低成本、高清晰度的数字影像输出方式，干式非银热敏打印将快速取代传统银盐的统治地位，并最终成为数字医疗影像输出的主流，其经济寿命预计至少 50 年。而热敏磁卡制造技术在世界上只有日本、韩国等少数国家拥有，乐凯热敏磁卡的研制成功，不仅填补了国内空白，增加了乐凯集团磁信息产品的种类，而且在相关产品开发方面缩小了与日本等发达国家的差距。

2.3 业务转型之二——抗菌材料

据悉，前些时候乐凯集团在经过实证分析后，确定了包括"致力于成为抗菌原料的全球主要供应商；致力于成为纳米银系材料开发与应用的系统服务商；成为中国最大的抗菌新材料产业平台"在内的五年发展计划。

"乐凯集团 2005 年将有 1/4 的资金投入到该产业中来，而转型抗菌材料，则从乐凯最为熟悉的银系材料开始。"相关负责人说道，乐凯集团引以为傲的研究院是此次产业转型的最好技术力量保证，这是一支由中国工程院院士带领的达 600 余人的研发队伍构成的国家级工程技术研究中心——乐凯微粒技术与产品研究室。

根据专家介绍，随着社会经济发展和生活质量的不断提高，抗菌材料所制成的各种用品将更广泛地应用在日常生活中，未来市场发展潜力巨大。据业内人士介绍，乐凯研究院目前拥有具有自主知识产权的技术，主要是纳米银系材料技术。纳米银系材料具有抗菌、除臭、抗静电、释放远红外线的特性，可用于塑料、纺织、服装、建材和保健品等行业。

在 2004 年 10 月举行的第三届中国国际抗菌产业博览会上，海尔集团、乐凯集团、美菱集团、AB 集团、宝钢、欧琳等知名企业都在展会上展示了自己最新的抗菌系列产品。很明显，此刻的乐凯已经确立了自身战略转型的某些方向。在此次战略转型中，乐凯集团在经营模式上作出了大胆尝试。为了保障该战略的实施，集团已与民营企业——绿岛国际实业集团公司共同出资成立了注册在北京中关村科技园区的高新技术企业——北京乐凯丰元科技有限公司。绿岛国际进入乐凯丰元的主要角色是从事经营管理，而技术还是由乐凯集团提供。这种国有企业参股投资而不控股的股份结构，以及通过市场机制建立技术转化为市场生产条件的模式和方法，开了国企改革创新之先河。

2.4 业务转型之三——薄膜与涂层。

2005 年 10 月，新的 TAC 生产线在保定开工建设。从此，乐凯成为全球能够生产 TAC 膜的 5 家企业之一。2006 年 3 月，"合肥乐凯工业园"在合肥奠基。"合肥乐凯工业园"项目共分四期，整体占地面积约 1200 亩。一期为 LCD 的聚酯薄膜生产线；二期为两条精密涂布生产线；三期为两条用于平板显示器材的薄膜生产线；四期为用于平板显示器材的其他功能薄膜生产线。总投资 13 亿元人民币。

与柯达分手后，乐凯所处的彩色胶卷市场容量呈现快速下降趋势。随着原材料特别是白银价格的进一步上涨，对乐凯胶片的成本控制能力和赢利能力提出了严峻的挑战。资料显示，2007 年白银均价低于 300 万元/吨，而目前市场价格已高达 430 万元/吨，乐凯集团每年白银用量接近 80 吨，上市公司乐凯胶片的用量也接近 30 吨。由于白银价格上涨导致成本大幅度增加，2008 年乐凯胶片业绩下滑不可避免。而传统业务不断萎缩，迫使乐凯开始寻找转型方向。目前乐凯对未来的规划已经很明确。2008 年 3 月 27 日，乐凯胶片曾表示："今后以彩色相纸与彩色胶卷制造、销售为主业的乐凯胶片，将转投非感光材料的研发生产"，并表示 3—5 年内，非感光材料产品的销售收入将占到乐凯股份总销售收入的50%以上。同时，未来的几年内，乐凯胶片将重点围绕在感光材料领域已经形成的涂布技术，开展与薄膜或涂层有关的产品开发、跟踪，以期形成新的经济增长点。因此，有关薄膜与涂层方面的产品、技术，都将是乐凯未来涉足的领域。

2008年，随着"合肥乐凯工业园"、"深纺乐凯Ⅱ期偏光片生产线"、"乐凯康科特种薄膜"、"天津乐凯薄膜"等项目的陆续投产，乐凯集团将成为中国平板显示器产业链配套所需的中高档聚酯薄膜和薄膜深加工的大型生产基地。

2.5　业务转型之四——新能源

与柯达分手后，乐凯胶片股份有限公司也准备进入新能源领域。乐凯胶片发布公告称，公司准备投资4536万元用于建设太阳能电池背板生产线，该项目2008年5月开始建设，投资建设期为一年。市场人士普遍认为，这意味着在与柯达分手之后，乐凯胶片已开始独自转型，太阳能电池背板项目正是其确定转型后的一次大胆尝试。这次乐凯胶片的太阳能项目所需要的涂层技术，是在公司原有技术的层面上发展起来的，公司以后的规划是依托原有技术进行多种途径转型。

据乐凯胶片公告称，公司已于2008年2月成功开发太阳能电池背板，具有自主知识产权。公司表示未来将建设规模年设计生产能力200万平方米，占地面积约4500平方米，建筑面积5200平方米的设施，并计划建设投资4001万元，流动资金535万元。据悉，该项目建成投产后，预计年销售收入可以达到2亿元，年利润总额1751万元，预计4.28年收回全部投资。

此前，乐凯胶片曾公告，在"十一五"期间，乐凯胶片将重点发展平板显示用涂布材料、太阳能电池背板薄膜、建筑和汽车用功能贴膜和数字影像产业等涂布材料。此次的太阳能电池背板项目就是在公司原来的技术积累上发展起来的，也符合公司当初规划。但是，乐凯所涉足的太阳能光伏产业，质疑声音依然存在。

从大环境角度来看，目前在无锡"尚德效应"的影响下，国内光伏产业迅速崛起，同时也带来了企业仓促上马的项目过多过滥、良莠不齐的忧患。早在2007年，中国太阳能学会光伏专业委员会的专家就提示说，中国光伏产业在2008年将面临产能过剩的危险。

针对乐凯太阳能项目，某些证券公司新能源行业研究员也表示，在当前多晶硅、单晶硅等太阳能产业主要环节的技术、产能等瓶颈尚未真正打开的时候，太阳能电池背板的发展受制于整个太阳能产业发展的制约，其投资前景尚无定论。当前太阳能产业处于无序竞争状态，由于乐凯初涉该行业，最终能否成功尚需观察。

据乐凯胶片 2007 年年度财务报告显示，上年公司利润总额为 4748 万元，经营活动产生的现金流净额为 5452 万元，这足以在不影响主业的情况下支持投资额为 4536 万元的太阳能电池背板项目。

3 乐凯的未来规划

3.1 乐凯股份

乐凯股份"新事业"所锁定的新兴的薄膜、涂层材料产业，都是与平板显示器相配套的上游产品。而目前，我国平板显示器材产业链最前端的薄膜材料还完全依赖进口。

乐凯股份在 2008 年 3 月 27 日发布的年报中介绍，公司已经制定了中长期发展规划，将专注于与膜涂层技术有关项目的建设和产品经营。在今后一到两年间，公司将力争有一至两个新项目建设完成并生产出新的产品，实现新的利润增长点。在今后 3—5 年内，非感光材料产品的销售收入将占到乐凯股份总销售收入的 50% 以上。

为此，乐凯股份给公司的产品结构调整设定了三年期限，从 2008 年到 2010 年。这期间，乐凯股份将集中力量为新事业发展提供充分的资源保证，组织对各种膜产品的跟踪，寻求新的投资机会。

乐凯股份方面介绍，为支持公司的产品结构调整，将加大对新产品研发的投入，加强新项目、新事业研发队伍。预计 2008 年乐凯股份在新事业上将投入 5000 万元人民币，主要是自有资金投入，不足的以银行贷款补充。未来几年，乐凯股份将逐渐加大对新事业的投入。不过，对于乐凯股份正在培育的新利润增长点具体项目，以及乐凯股份在新事业发展中将采取自我研发还是收购整合的方式，乐凯股份方面未透露详情。

这一发展思路，已经不同于乐凯股份起家的感光材料产业（主要涉及照相中所使用的胶片、胶卷和相纸等材料）。

3.2 乐凯集团

乐凯集团总经理、乐凯股份公司董事长张建恒，在 2008 年 1 月乐凯集团内部会议上强调，集团公司的战略定位与发展现状概括为四块业务，影像记录材料、印刷材料、膜材料及涂层材料、精细化工，即三个主业一个支撑。

同时乐凯集团"十一五"发展目标计划中也明确称，到 2010 年，乐凯集团将实现主营业务收入 50 亿元，利润 2.5 亿元，图像信息和印刷材料两个战略业务单元中数字化产品产销量达到 60% 以上，中高档薄膜及带涂层深加工产品的销售收入达到集团总销售收入的 30% 以上，成为乐凯新的核心业务之一，届时乐凯将形成图像信息、印刷材料、薄膜及涂层材料三足鼎立的战略业务单元布局，初步实现产业结构调整及产品结构调整目标。

乐凯集团转型的背后，是平板显示器材的迅速发展，亚洲已成为平板显示器生产的集中地，中国制造业正面临着又一次机遇。

4 作者观点

乐凯的转型是必需的，案例中有行业的原因，其实也有自身的因素。乐凯的转型又是迷茫的，至少从案例中可见。像乐凯这样的企业，其未来的发展肯定是要在变化中求生存。时势在变，企业需要随需而变。如何为这样的企业谋划好的发展，需要的不是抓住所有的机遇，而是放弃不该抓的机遇。

思考与讨论

1. 在整个胶片市场出现衰退的时候，乐凯集团应该怎样来应对？为什么？

2. 乐凯当时是否该选择与柯达的合资？为什么？

3. 乐凯集团的转型战略带给中国企业的启示是什么？

集团战略

德隆的战略历程*

李 勇

摘 要 德隆在完成资本原始积累后，从收购新疆屯河，开始了它的资本舞袖路程。从最早的新疆屯河的多元化，到跨行业产业并购，直至进入金融领域，德隆系超速膨胀的模式，使其成为中国本土的明星企业。但随着股市上的失败和银行的讨债，德隆系的资金链断裂，使德隆帝国在短期内轰然倒塌。

关键词 德隆 战略

1 早期德隆

1992年，新疆德隆实业公司注册成立，注册资本800万元。1992年下半年，深圳股市传来通过认股抽签的方式发行5亿元新股的消息，德隆掌门唐万新花钱一下子请了5000人以"出去玩一圈"的名义到深圳排队领取认购抽签表，这些人一排就是3天，而抽签表很快变成了德隆的大把钞票。据唐万新后来回忆："1993年之前法人股和流通股界限不清，只要是股票，大家认为都可以上市，我把法人股全部卖了，几个月就赚了几千万。比赚钱更重要的是，我们对资本市场有了切身的体验。"但事实是，赚钱比体验更重要，借助股市德隆完成了它的原始积累。

原始积累完成后，唐万新重新关注实业。1994年，新疆德隆农牧业有限责任公司成立，注册资本1亿元，在新疆进行农牧业开发，先后投入2亿多元在新疆各地建立起四个大型现代化农场，首期开发土地10万亩之多。新疆广袤的土地和特殊的优惠政策，令投资农业成为唐万新想象中的一个区别于炒股获利的长期稳定的收入来源。1995年，注册资本为2

---

* 本案例由作者根据多方面资料整理而成。

亿元的新疆德隆国际实业总公司成立,"新疆德隆"现身江湖。德隆在从事房地产、农牧业公司和娱乐业的同时,依然奋战于股市的一级市场、一级半市场。同年,德隆设立北美联络处,意图拓展国外业务。

2　产业并购

1995 年出国考察一圈后,唐万新模糊地感觉到了世界产业结构调整的一个基本规律:制造业的接力棒先由欧美传到日本,再由日本传到中国台湾、香港以及东南亚,又向内地传递。中国的历史性机遇就是传统制造业,但具体从事什么产业,当时思路并不清晰。此外,唐氏兄弟领略过资本市场的巨大魔力,认为可以把产业和资本相结合,进一步做大做强。

首先,德隆在新疆屯河上市 3 个月以后(1996 年 10 月),将其收购,成为第三大股东。新疆屯河上市之初的主业是水泥,其募集资金的投资计划也全部是水泥行业。随着德隆在 1998 年成为其第一大股东,新疆屯河在德隆主导下走上转型之路。1999 年新疆屯河决定除了公司的主营水泥行业外,进一步寻求产业的多元化发展,充分利用新疆的资源优势,将资源优势转化为产业优势。

新疆的资源优势体现在农业和矿产,而德隆将第一步的目标放在了番茄制品上。1999 年,新疆屯河投资 7183 万元,引进年产 2 万吨番茄酱生产线,对其科林番茄制品分公司进行技术改造。2000 年,新疆屯河的重大相关投资 8 项,总投资约 5 亿元。这一年,其番茄制品的收入达到1.88 亿元,占其总收入的比例增加到 40% 左右,已经基本和水泥产业持平。2001 年,新疆屯河继续在番茄制品上进行了 5 项重大投资,涉资约7930 万元。而在确立起以番茄制品为代表的"红色产业"主业地位后,新疆屯河从 2000 年开始整合不相关的产业。通过数次关联交易,先将屯河集团的水泥资产集中到子公司屯河水泥旗下,而后将屯河水泥的控股权卖给另一家以水泥为主业的上市公司天山股份(SZ 000877),之后又将天山股份纳入自己旗下。而对于持有的部分金融企业的股权,新疆屯河也逐步退出。

1997 年 6 月,受让沈阳合金投资(SZ 000633)法人股;同年 11 月,受让湘火炬(SZ 000549)法人股;而收购的资金正是来自新疆屯河控股的新疆金融租赁公司发行的 1 亿元特种金融债券。这三次收购是德隆奠定其产业基础，同时也是奠定其在资本市场江湖地位的关键战役，借此确立起食品业（包括番茄酱和果汁）、机电业和汽车配件业的基础，而这三驾马车最终也成为股市中表现最坚挺的庄股（直至 2004 年之前）。

1997 年 5 月，德隆在北京召开了"达园会议"，这是其历程中一次具有转折意义的务虚会。会议上，德隆确立了由"项目投资"转为"行业投资"的投资理念，即由投机转向投资。德隆的目光投向了传统产业，相信自身认识到了中国传统产业的价值及其症结所在，决定介入并整合传统产业（包括生产、销售、人才），而整合的手段便是所谓的资本运作。德隆的产业战略思路是：以资本运作为纽带，通过企业并购，整合传统产业，为传统产业引进新技术、新产品，增强其核心竞争能力；同时在全球范围内整合传统产业市场与销售渠道，积极寻求战略合作，提高中国传统产业产品的市场占有率和市场份额，以此重新配置资源，谋求成为中国传统产业新价值的发现者和创造者。根据这一战略思路，德隆主要的投资力量在于成熟产业，如农业、制造业、金融业和旅游业，很少投资高科技产业。他们认为高科技风险大，是风险投资的对象，但不是现金流的提供者和强大产业体系的支撑者，进行整合的空间较小。

他们设计了一种"产业并购整合模式"：

首先，"花大力气选准行业"。其标准是：行业具有全球市场的特点，市场规模不小于 100 亿元，中国企业具有相对竞争力而国际竞争对手又不太强大，行业比较分散，但是有的企业份额相对较大，是行业的前几名。

其次，发现"产业整合要素"。如当目标企业被收购捆绑在一起之后，由于规模的增加，是否会因此降低原材料的采购成本，是否会提升企业销售的议价能力，是否会降低综合管理成本，是否能提高资金的有效利用、技术的研发能力、资源的有效配置，等等。将这所有的要素环节研究分析之后，再确定下一步行动计划。

其三，进行杠杆式收购。先收购行业的前一两名，然后逐步以强吞弱，达到提高行业集中度的目的。比如以 7000 万元的资本收购某上市公司 30% 的股份，成为该公司最大股东，然后以该公司总资产做抵押贷款 1 亿元，还可以在股市上增发配股两个亿，其后又以 3 个亿的资金去控股至少 6 个亿的资产。依此类推。杠杆式收购的方向，一是行业的横向集中，二是产业的纵向整合。

其四，夯实产业的核心竞争力，提高产业的最终收益率。比如从供应链、制造成本、组织架构、财务流程、风险控制、营销渠道、品牌提升、技术研发与引进等环节打造被收购企业的国内和国外竞争力，争取最终形成自己的一整套可以复制的战略管理体系。在产能形成规模后，通过收购海外老牌的通道企业的办法，快速建立国际销售网络，获取传统产业在国际市场上的品牌销售附加值。

3　德隆战略形成

也许是为了树立国际化企业形象，2000 年 1 月，唐氏兄弟在上海浦东注册成立德隆国际投资控股有限公司，注册资本 2 亿元人民币，控股新疆德隆和屯河集团。同年 7 月，更名为德隆国际战略投资有限公司。同年 10 月，注册资本增至 5 亿元。唐万里是法人代表，唐万新任总裁，德隆国际成为主导"德隆帝国"的灵魂所在。

随后，德隆开始设计和寻找让自己朦胧的战略想象落地生根的终极战略架构。1999 年下半年，德隆聘请罗兰·贝格国际管理咨询公司进行新时期的组织结构设计。由于任何有效的组织结构都必须和企业战略相匹配，因此罗兰·贝格进驻德隆所做的第一件事情，就是协助德隆决策层梳理一个清晰的企业战略。

罗兰·贝格对德隆的未来发展方向做了三方面的构想：一是资本运作导向型，即"中策并购模式"：产业并购是手段，资本运作是其利润的主要来源，又称"养猪战略"——养猪的目的是为了尽快把它卖掉；二是产业运作导向型，即"GE（美国通用电气）并购模式"：资本运作是手段，形成产业的核心竞争力是目的，又称"养儿子战略"——养儿子的目的是为了最终让他成才；三是两合模式，即一会儿"养猪"，一会儿"养儿子"，视环境和企业内部需求而定。德隆在当时毫不犹豫就选择了 GE 模式；唐万新表示，德隆就是要做中国的 GE，希望罗兰·贝格按照产业运作为导向，资本运作为手段，来设计德隆总部的控股管理模式。

随后，新疆德隆陆续进入种业、矿业、纺织、水务等领域。2000 年 5 月，新疆德隆设立德农种业科技发展有限公司（以下简称"德农种业"），斥资 1 亿元在全国成立 14 家种子公司，并力争在种子产业中占有一席之地。2000 年 9 月，新疆维吾尔自治区计委牵头组建新疆罗布泊钾盐科技开发有限责任公司（以下简称"罗布泊钾盐"）。罗布泊钾盐有 6 家股东，注册资金 7025 万元，其中新疆巴州三维罗布泊矿业投资公司（以下简称"巴州三维矿业"）占出资总额的 51.25%，新疆哈密金矿占出资总额的 21.35%，新疆德隆占出资总额的 9.96%，新疆维吾尔自治区地质矿产勘察开发局占出资总额的 9.61%，新疆天山建材投资有限公司占出资总额的 7.12%，化工部长沙设计研究院占出资总额的 0.71%。罗布泊钾盐的控股方为巴州三维矿业，而巴州三维矿业的控股方为新疆三维矿业股份有限公司。巴州三维矿业由新疆德隆相对控股。

2001 年 7 月，新疆德隆控股的新疆屯河入主中燕，共持有 4760 万股，占总股份的 26.96%，为第一大股东。新疆德隆通过直接和间接控股天一实业、新疆三维毛纺股份有限公司和中燕等 3 家纺织企业，实现新疆棉麻资源优势向经济优势的转化。生产的主要产品有亚麻纱、长麻纤维、短麻纤维、麻棉、麻屑板、亚麻凉席等，年产值 2 亿元，号称是全国最大的亚麻原料加工企业之一。

2001 年 8 月，由新疆德隆下属的新疆吐鲁番旅游发展有限公司作为主发起人，联合新疆布尔津喀纳斯旅游有限责任公司、新疆旅游汽车公司和新疆对外友好交流服务中心等，共同发起组建新疆大西部旅游股份公司，注册资本 5000 万元，主要经营新疆景区景点的开发建设和国外国内旅游服务等。

2001 年 12 月，明斯克航母受让青旅控股原第二大股东苏州太湖国家旅游度假区发展集团公司转出的 3453.95 万股中的 1506.41 万股股权，以持股 5.64% 成为青旅控股第四大股东。

2002 年 4 月，德隆国际与自然人杨利、邵辉成立德农农资超市有限公司，德隆国际占 80% 股份。2003 年，德隆国际与山东农业技术推广总站共同组建山东德农农资超市有限公司，德隆国际出资 4900 万元，占 98% 的股份；山东农业技术推广总站出资 100 万元，占 2.0% 的股份。随后不久，山东德农农资超市增资至 1.5 亿元。其中，德隆国际又出资 6000 万元，占 72.67% 的股份；德农农资超市出资 4000 万元，占 26.67% 的股份。

2002 年 5 月，新疆德隆间接控股重庆国际实业投资股份有限公司与郴州山河集团签订了总投资 1.8 亿元的城市供水合作项目，并组建南方水务有限公司。2002 年，新疆德隆控股吐鲁番旅游发展有限公司，收购了与葡萄沟游乐园毗邻的葡萄沟中心乐园。新疆德隆对葡萄沟整个景区进行开发、管理、经营，葡萄沟总面积达 100 余亩地。2002 年 9 月，新疆德隆与喀什地区供销社签订协议，以整体收购方式拿下喀什地区 10 个县棉麻和棉纺织业以及新兴的纺织有限公司。2002 年 10 月，赤峰德农种业有限公司成立，总股本 1 亿元，第一大股东是德农种业，持 38.38% 的股权。

一系列产业领域的高速扩张运动，使德隆在短短几年时间内以令人难以理解的速度和难以想象的规模闯入了公众的视野。德隆及唐氏兄弟也由此成为内地财经媒体追捧的明星：2003 年中国百富榜排名第 25；2003 年资本控制 50 强排行榜名列榜首。即便在德隆危机爆发后的 2004 年 4 月 30 日公布的新财富 500 富人榜上，唐氏兄弟还位列第 60 名。

4　进军金融行业

实际上，为了完成德隆成为中国 GE 的梦想，唐万新的目光从来没有离开过金融行业。德隆在金融业进行的并购整合有两个显著特点：一是在所有涉足的金融机构中都尽量占有控股地位；二是通过一家或多家下属公司、壳公司，有时甚至是法律关系非常模糊的关联公司的联手和复杂倒手，对金融机构实行联合控制或间接控制。

2001 年 8 月，德隆国际、新疆德隆和两个自然人共投资 2 亿元注册成立德隆产业投资管理有限公司，德隆国际占 50% 的股份，新疆德隆占 20% 的股份。

在德隆国际的直接领导下，新疆德隆开始借助旗下的金新信托控制了德恒证券。2002 年 4 月德恒证券由原重庆证券改组成立，第一大股东为德隆旗下的金新信托，占 21% 的股份。

2000 年至 2002 年间，德隆国际重新进行金融体制布局：独立投资业务；继续扩大非银行金融机构；大举进入银行业。之后，开始走上了控制银行的不归路。2001 年 3 月，德隆国际受让 2500 万股深发展法人股，成为其第七大股东。

德隆钟情于深发展的主要目的也很明显，整合产业离不开资金支持，到这个时候通过直接和间接的途径，德隆旗下也有了大大小小近 10 家的金融企业，可还没有一个龙头企业作为领军，而深圳发展银行作为一个全国性的大银行，确实是德隆的理想选择了。2001 年，德隆国际将以前的中企资产托管有限公司重组为中企东方资产管理公司，变成一个投资银行模式的机构，并将德隆旗下所有的研发机构都剥离后并入中企东方，从事产业研究和金融服务，法人代表为唐万川。中企东方后来跻身国内财务顾问前十名。该公司成立以后频频在资本市场出击：一手导演了"PT 网点"的资产重组，更名为"第一医药"；协助浙江莱茵达收购"辽房天"，更名为"莱茵置业"；帮助浙江美都收购宝华实业并更名为"美都控股"；还有浙江佰利集团的战略并购、买壳上市等等。

2002 年，德隆幕后控股南京大江信托公司。大江信托投资公司（以下简称"大江信托"），也就是原南京国投，当初德隆承诺以现金方式注资大江信托，后来没有兑现。人民银行一直没有批准大江信托的设立，所以大江信托并没有正式注册成立。德隆并没有因此放弃在南京的金融圈地，德隆的一家"私生公司"南京重实中泰投资管理有限公司（以下简称"重实中泰"）应运而生，重实中泰后来成为德隆在南京的融资平台。2002 年 6 月，昆明市商业银行完成了增资扩股 3 亿元的工作，增资扩股后总股本达到 5.68 亿元，4 家新股东进入：云南英贸集团出资 9600 万元，云南英贸商务有限公司出资 6400 万元，云南红河制药有限责任公司出资 7000 万元，云南官房建筑集团股份有限公司 5000 万元。而历史资料显示，云南英贸商务公司和云南红河制药均为英贸集团的控股子公司，旗下公司合计投资 2.3 亿元，持股比例达到了 40.49%。英贸集团的股东从 2001 年 11 月起就变更为上海创基投资发展有限公司（以下简称"上海创基"）、北京润智投资有限公司（以下简称"北京润智"）、北京中极控股有限公司（以下简称"中极控股"）、上海华岳投资管理有限公司（以下简称"上海华岳"），4 家合计出资 1.25 亿元。这 4 家公司均为德隆内部自然人出资设立，因此德隆实质上间接控制了昆明市商业银行。2002 年年底，德隆国际董事局主席唐万里亲自飞抵南昌，与江苏兴澄集团等公司联合签署了入股南昌市商业银行的协议。2003 年 3 月，德隆借南昌市商业银行增资入股之时，出资 4000 万元拿到该行 12.12% 的股份，成为排名第三位的股东。德隆金融体系的建设却是整体运作，德隆国际、新疆德隆、"老三股"之间，或分头控制，或联手入主，可以说是遥相呼应，浑然一体。

5 帝国坍塌

随着 2001 年 1 月操纵股票价格的"亿安科技"（000008）案和"中科创业"（000048）案的暴露，市场上关于德隆的传言四起。4 月，深圳一家财经杂志发表经济学家郎咸平的文章：《德隆系：中国独特的"类家族企业"敛财模式》，指称德隆有可能以"控制性股东"的身份"操控市场"，并通过"合金投资"、"湘火炬"、"新疆屯河"等"老三股"在证券市场股价的上涨中获取暴利。"郎咸平事件"虽然并没有对德隆带来直接损失，但是其市场形象则大打折扣，同时"德隆模式一定出问题"的观点逐渐占了上风。

2004 年 3 月 2 日，一家商业财经杂志突暴惊天新闻，说德隆资金链断裂基本已成定局。一时间无数媒体竞相转载，德隆的信用危机由此加速。银监会向各地银监局正式传达风险提示，称德隆等 10 家企业（其中大部分为民营）运用金融手段过度膨胀，可能会给银行造成大量不良贷款。各级银行闻风收缩，使德隆旗下的任何一家企业从此再也没有贷到银行一分钱。4 月 13 日，陕西国际信托投资公司的证券资产分离，于 2002 年 7 月成立的健桥证券，首先抛售合金投资股票，当日合金投资股票跌停。第二天，"老三股"全线下挫跌停，德隆危机全面爆发。数周之内德隆就将过去 5 年的涨幅尽数抹去，流通市值从最高峰时的 206.8 亿元降到 2004 年 5 月 25 日的 50.06 亿元，蒸发了 160 亿元之巨。4 月 14 日晚，唐万新主持召开高层办公会，就改变德隆现状进行了工作安排。唐万新表态，这道坎过去了，德隆还会有更美好的未来，若过不去，大家再也没有机会坐在一起开会了。

4 月 17 日德隆国际召开执委会和干部大会，部署展开"自救行动"。一是成立媒体危机处理小组，全力改善德隆的公众形象；二是派出绝大部分高层人员，以最大的耐心和最深入的方式与客户沟通，重树市场信心；三是与监管部门坦诚交流，争取获得谅解，以期获得企业自我调整的时间与空间。4 月 18 日，唐万新一行秘密来到北京，与美国机电基金代表就最为关心的德隆重组事宜进行了长时间的磋商，最终未果。在德隆危机愈演愈烈的时候，唐万里对媒体说了一句意味深长的话："目前，最关键的是各方面要给民营企业发展创造一个更为良好的环境。"

　　4月23日，唐万里面对亚星董事长绝食讨债感叹道："金融风险太大了，还是做实业稳当，这次事情过去后再也不搞金融了。"同一天，唐万川表示，目前德隆的资金缺口共有数十亿元；德隆将"壮士断臂"以应对危机——收缩战线，变卖资产，引进战略投资者。并表示，约占德隆总资产25%的与主业无关的产业都将被处置。德恒证券成为客户挤兑的重灾区，德隆高层部署总部全力协助救火；德隆卖掉ST中燕以求现金；德隆准备出售更多的非战略性资产；德隆的金融服务业务几乎完全停摆；德隆的湘火炬与合金投资吸收合并案，"因技术原因"未被证监会受理；德隆的"罗布泊钾盐"项目未获开发银行贷款。4月24日，德隆国际高层再一次召开碰头会，唐万新主持。德隆国际股东达成一致意见，将集资还款，以助德隆突围。

　　自2004年4月15日后，德隆债权人蜂拥至上海德隆大厦，唐万新频繁更换办公和居住地点。命运显然再也不垂青唐万新了，尽管德隆多方努力，但形势仍然迅速恶化。4月27日唐万新、唐万川一行飞往加拿大休整，以静观事态发展。5月19日开始，德隆开始卖出湘火炬、合金投资和屯河投资股权：5月19日德隆卖出股票变现2760万元，20日卖出股票变现8150万元，全部用于填补德恒证券保证金。5月1日到15日，是一段难熬的"真空期"。15日以后，风云突变。上海、四川、重庆、山东、江西、广东、新疆、湖南等地掀起了德隆追债潮，地方政府的公检法分别在上海、新疆等地查封资产和准备抓人。招商银行状告湘火炬，拉开了银行向德隆讨债的序幕。此后，建设银行、中国银行、民生银行、深发展、交通银行等银行纷纷起诉德隆系旗下的合金投资、新疆屯河、重庆实业、天山股份。6月3日，上海银监局召集各商业银行举行通报会，上海市高级人民法院列席会议。上海银监局官员要求各商业银行采取资产保全的紧急措施，只要涉及德隆有关的贷款，无论贷款合同是否到期，均要积极申请查封德隆系在上海的所有资产。德隆在上海被冻结的资产约为13亿元，而其在沪的贷款约为28亿元。釜底抽薪，德隆败局已定。

6　作者观点

　　昔日的明星企业"德隆系"，从火箭式的升空到陨落，仅仅有10年的时间。是什么样的原因导致这些民营企业像"流星"一样从太空中划过，留下来的仅仅是若干的"曾经"呢？是企业家素质？是战略？是体制？是法律？还是环境？可能这些问题更值得我们去思考，我们不应该总是造就昙花一现的"流星企业"或者是"流星企业家"，我们应该造就的是一大批持久的恒星，这样我们的天空才会是"繁星满天"，而不总是"流星"闪过。

思考与讨论

1. 德隆成为"世界级"战略投资公司的战略目标选择是否正确？
2. 对德隆"产业整合"的战略思路和做法给予评价。
3. 德隆有哪些值得借鉴的经验？
4. 德隆是否不该走"产融结合"的道路？
5. 许多民营企业都像德隆一样，一开始发展壮大，最后都因银行银根紧缩而倒闭，他们在战略实施过程中都出现了怎样的问题？（自行列举一两个这样的企业）

四川新希望集团的多元化战略[*]

李 勇

摘 要 新希望集团创业于 1982 年，是中国农业产业化国家级
重点龙头企业，是最大的农牧企业之一。除了在传统的农业产业领域
之外，新希望早已开始尝试自己的多元化历程，包括进入乳业产业，
奶加工能力 50 万吨/年，是中国西南第一大乳业事业联合体；新希望
房地产开发的高中档城市住宅面积已超过 100 万平方米；进入化工与
资源领域，云南新龙矿物质饲料有限公司 50 万吨磷酸氢钙产能在业
内举足轻重，与甘肃金昌金川集团携手，共同打造中国最大 PVC 基
地；进入金融与投资领域，作为民生银行的股东，还增持了民生人寿
保险的股份等。

关键词 新希望 多元化 战略

1 公司背景

新希望集团创业于 1982 年，是中国农业产业化国家级重点龙头企业，
是最大的农牧企业之一。新希望集团是致力于实业经营的综合性企业集
团，连续两年入选中国企业 500 强。

"新希望"集团的前身是南方希望集团，是刘永言、刘永行、陈育新
（刘永美）、刘永好四兄弟创建的大型民营企业——"希望集团"的四个
分支之一。1982 年，刘氏兄弟在极其困难的条件下，变卖家产筹集 1000
元（人民币）资金，开始了艰苦的创业历程；1986 年，时任科技部部长
的宋健同志为刘氏兄弟题词："中国经济的振兴寄希望于社会主义企业
家"，从此"希望"成为刘氏兄弟事业的品牌；1990 年，希望集团初具规

---

* 本案例由作者根据多方面资料整理而成。

模，刘氏兄弟大胆调整产业，致力于饲料产品的研发和生产；1995 年，新希望集团依靠先进的技术、过硬的产品质量、创新的营销手段和带动广大农民致富的决心，使企业发展成为 20 亿元销售收入的大型民营企业，并成为中国饲料百强第一。其间，刘氏兄弟两次重新划分规范了"希望"集团的产权，在南方希望资产的基础上，刘永好组建了"新希望"集团。

在 26 年的发展中，新希望秉承"与客户共享成功、与员工共求发展、与社会共同进步"的理念，立足实业发展，结合企业自身的特点，引入国际一流的理念、人才、技术、产品，培育企业核心竞争力，寻求企业在效益、风险控制和可持续发展有效均衡条件下的发展。今天，新希望已成为中国最大的饲料企业之一，中国西部最大的乳制品、肉食品企业，同时在房地产开发和化工产业也有相当的规模。

新希望下属子公司四川新希望农业股份公司，被中国权威的中证亚商机构评选为中国最有潜力的上市公司 50 强第 23 位。新希望是中国民生银行的主要发起者和第一大股东，是民生保险的主要发起股东之一，并投资组建了新希望投资公司（其中世界银行集团国际金融公司投资 4500 万美元，占 19.9% 的股份）。新希望集团还是福建联华信托投资公司的大股东。

新希望乳业总资产 15 亿元，液奶加工能力 50 万吨/年，是中国西南第一大乳业事业联合体。新希望房地产开发的高中档城市住宅面积已超过 100 万平方米。与世界银行集团国际金融公司等组建的成都华融化工有限公司，是中国最大高品质氢氧化钾化工企业。新希望旗下企业生产的磷钙产品在中国排列第二位。

新希望集团由小到大，从单一饲料产业逐步向上、下游延伸，成为集农、工、贸、科一体化发展的大型农牧业民营集团企业。2007 年年底，集团注册资本 8 亿元，总资产 249.43 亿元（其中农牧业占 72%），集团资信等级为评 AAA 级，已连续 4 年名列中国企业 500 强之一（2006 年列第 187 位），2007 年销售收入 281.32 亿元（农牧产业占 92% 以上）。拥有企业超过 280 多家，员工超过 4.5 万人，其中有近 3 万人从事农业相关工作，有专业大专以上员工 1.2 万人，同时带动超过 240 万农民朋友走上致富道路。新希望集团立足于基业常青，致力于正向、规范、阳光的企业治理架构；在企业发展的同时，致力于产业提升，促进企业持续发展；新希望以开阔的视野，坚韧的毅力，积极走出国门；义利兼顾，新希望还是中国光彩事业和新农村建设的倡导者和实施者。

2 新希望集团的产业结构

新希望事业的发展已经进入第 26 个年头，集团四大产业集群的产业格局已经清晰：农牧与食品、化工与资源、地产与基础设施、金融与投资。这四大产业集群像四个车轮一般快速驱动，使集团拥有稳定的增长曲线、良好的现金流量、强大的资产储备，能够拥抱机会，应对挑战，为仁人志士提供施展商业才华和实现产业理想的基业常青大平台。

同时，新希望的海外事业起步于 1996 年，目前，在越南、菲律宾、孟加拉、印尼等国家建成或正在建设的工厂已达 10 家。中国政府和投资地政府均将新希望认定为外向型投资成功的企业。

2.1 农牧业与食品

农牧业始终是新希望的根基和主业，包括饲料、养殖、种植、乳业、肉食加工、生物、兽药等。主要农牧业企业包括四川南方希望实业有限公司、新希望农业股份有限公司（SZ000876）、山东六和集团、陕西石羊集团、北京千喜鹤集团、山西大象集团，共同形成强大的新希望农牧体系，从资产规模和年销售收入来看，新希望位居中国饲料行业第一位；年屠宰和加工鸡鸭能力近 5 亿只、生猪 750 万头，居行业领先地位；在养殖业、乳业和肉食品加工业等领域都有重大发展，新希望集团已经成为中国最大的农牧企业之一。

新希望集团在新农村建设中不断探索"公司＋基地＋农户"的农业产业化生产模式和三链两网建设：猪产业链、禽产业链、奶牛产业链、农村营销电子商务网、农村金融服务网。

（1）猪产业链：在山东海阳、四川江油、荣昌种猪场的建设中，取得了社会和国家的广泛认同。大力发展种猪场，种猪存栏量超过 800 万头；河北宽城 100 万头养猪基地正式启动建设，争取在 2008 年 6 月初步投产；千喜鹤及美好克服市场困难，屠宰生猪约 150 万头，千喜鹤在北京市场进入前四名，美好继续在西南市场肉食品独占鳌头。

（2）禽产业链：具有种鸡 100 万套、种鸭 3000 单元的规模；六和的种鸭实现技术突破，已与国内一流品牌齐名，产品供不应求；2007 年新希望禽屠宰已超过 2.8 亿只，是中国最大的，主要市场遍布上海、广州、浙江、江苏等地，禽养殖和肉食加工取得数倍增长的业绩；现在，新希望已经形成了 5 亿只禽的加工能力。

（3）奶牛产业链：奶牛产业链建设方面相对比较成熟，已建立 11 个奶源基地，10 个直属奶牛场，拥有十万多头奶牛。

（4）农村营销电子商务网：为实现农业保障体系和农村金融担保机制的导入，提供可操作的、科学的管理平台，从而为农户扩大生产规模和技术改造提供资金和担保服务；同时，还可有效降低环节费用，帮助农民。目前，新希望已有 3 万多个经销网点，通过培训经销商转型为综合服务商，并为农户提供包括种苗、兽药、饲料等农用物资信息和养殖技术服务。

（5）农村金融服务网：当前，制约中国农业经济发展的一个瓶颈就是农村金融，新希望集团运用集团良好的政府资源、社会资源和海外资源，启动新希望农牧金融模式，并鼓励探索以金融服务为核心的农民合作社参与模式，及养殖小区建设参与模式。

2.2 化工与资源

2000 年，新希望集团与国际金融公司合资组建了国内最大的高纯氢氧化钾生产企业——成都华融化工有限公司，标志着新希望集团在化工领域的开始。在化工与资源集群中，生龙活虎的局面毫不逊色。目前，新希望集团正在成为中国化工领域的一支重要投资力量和发展平台。根据世界银行的评价，"四川华融"是亚洲最大的高纯氢氧化钾生产企业，从经济效益、社会效益、可持续发展等角度评判，均相当精彩。"云南新龙"是亚洲最大的磷酸氢钙生产企业。在建的"甘肃新川"将是国内最大的 PVC 单厂项目。体系内兽用药原料和产品药的产销量也居国内前茅。

基于"产业联动、循环经济、合作共赢"的发展理念，新希望在钾、磷、煤、镍等方面积聚了大量资源和产能，打造云南、四川、甘肃、湖北、贵州、东盟（越南及老挝）6 大资源基地。老基地（四川、云南）纷纷技改扩量，云南新龙矿物质饲料有限公司 50 万吨磷酸氢钙产能在业内举足轻重；新基地（甘肃、湖北）的投资计划不断修改放大，2007 年 4 月，新希望与甘肃金昌金川集团携手，共同打造中国最大 PVC 基地，成立甘肃新川化工有限公司，该项目目标是 80 万吨/年 PVC 和 120 万吨/年硫酸钾，金昌的 20 万吨硫酸钾项目扩展了新希望的产业链，也扩展了新希望的视野；2007 年，新希望集团正式进入煤化工领域，成立了新象公司深入东南亚地区。目前，新希望集团与金川集团、兴发集团、恒昊集团一起，打造联动发展的战略合作体系关系。

"化工与资源"是新希望集团"四轮驱动"战略思想中对化工的定位。新希望化工正在矿产资源的开发与利用、循环经济与环保上下工夫，不断开拓化工相关产业链，以期逐渐形成磷化工、氯碱化工、钾化工和煤化工的产业格局。新希望化工投资公司正在推进煤化工、镍铁、老挝钾化工等项目投资，力争在煤矿资源、电石资源、磷矿资源等方向发展，保证化工事业的健康发展。

新希望化工投资有限公司控股 9 家子公司，间接控股或参股 5 家公司；拥有 1 家上市公司：宝硕股份有限公司（上海 – 600155）。2010 年前，预计投资规模将达到 18.3 亿元（不含煤化工和其他新项目投资）。2008 年、2009 年、2010 年将分别实现销售收入 18 亿元、30 亿元和 60 亿元的规模。

2.2.1 磷化工

成立于 2002 年年初的云南新龙矿物质饲料有限公司是新希望的大型磷酸钙盐专业生产企业，也是亚洲同行业最大的生产企业。目前已形成饲料级 DCP、MCP、MDCP、肥料级 DCP 共 40 万吨的产品生产能力和 30 万吨硫酸自供能力。2006 年，荣获云南省同行业产品中唯一的名牌产品称号，产品畅销全国 20 多个省、市、自治区，并远销日本、韩国及印尼、泰国、越南等东南亚国家和地区，出口量居全国首位。

新希望集团下属湖北尧治河新希望磷化有限公司采用目前世界最先进的窑法磷酸生产工艺技术，窑法磷酸利用磷矿的品位比利用热法磷酸可低 57%，能耗降低 80% 以上；与湿法磷酸工艺相比，利用磷矿的品位也可降低 57%，能耗可降低 40%，无磷石膏排放，是磷化工产业的一项重大技术创新。这在当前全国大力开展节能减排的形势下，对行业发展具有重大意义。

2.2.2 氯碱化工、钾化工

新希望集团与世界银行集团国际金融公司（IFC）合资组建的成都华融化工有限公司 2008 年通过资产转让，成为新希望化工投资有限公司独资的内资企业，主营产品为高品质氢氧化钾和 PVC 树脂，是国内氢氧化钾行业的排头兵。目前，公司具有年产 10 万吨高品质片状氢氧化钾、8 万吨 PVC 树脂。高品质片状氢氧化钾达到世界一流水平，在国内市场享有盛誉，并出口到美国、日本、韩国、巴西、意大利以及东南亚等十几个国家和地区。

甘肃新川化工有限公司、甘肃新川肥料有限公司通过与金川集团公司合作，通过资源再利用的循环经济发展模式，首期投资 7 亿元人民币兴建 25 万吨/年聚氯乙烯、10 万吨/年硫酸钾装置。今后十年内将不断扩大再生产，最终形成年产 60 万吨聚氯乙烯树脂和 80 万吨硫基复合肥的生产规模，实现年销售收入过百亿元，利税逾 20 亿元，将成为中国最大的聚氯乙烯树脂和硫基复合肥生产基地之一。

2.2.3 煤化工

毕节东华新能源有限公司项目建成后可创年产值 18 亿元，利税 4.8 亿元。黔希煤化工有限公司是新希望集团下属专业从事煤化工生产管理的公司，项目拟投资 9.98 亿元，建设年产 20 万吨甲醇、15 万吨二甲醚生产规模的煤化工生产基地，已被列入贵州省发改委 2008 年重点建设项目。

2.3 金融与投资

新希望集团是在中国民营企业中较早投资金融业的企业之一，下属新希望投资有限公司，是中国民生银行的第一大股东。新希望集团副总裁王航现任民生银行董事、民生银行战略发展与风险控制委员会、薪酬考核委员会委员。截至 2007 年年底，民生银行总资产已达到 9198 亿元。

同时，新希望集团还是中国民生人寿保险公司的主要发起股东之一、联华国际信托投资公司的主要投资者和最大股东，刘永好担任民生人寿监事长。新希望集团在金融业及多家拟上市公司所持有的优质股权，形成了近 300 亿元可随时变现的资产储备库，这些资产权属清晰，未在其上设置任何抵押，为集团的后续发展和风险控制提供强力保障。

在金融方面，新希望集团运用市场化策略，有进有退适机扩大。民生银行继续增值，增持了民生人寿保险的股份；联华信托引进澳大利亚最大银行参股，2008 年，其目标为管理 300 亿元资产。金融投资方面，新希望的投资回报相当好，投资回报的资产是新希望集团事业发展的坚实基础，是农牧业发展的坚强金融平台和后盾。

2.4 房地产与基础设施

在 1996 年，作为中央九部委评定的农业产业化国家重点龙头企业，四川省政府评定的全省最大民营企业十强第一位，中企联评选的全国 500 强企业之一的新希望集团，经过详细的市场调研和理性的分析，强势进入房地产领域。秉承新希望集团"创百年老店"的企业精神，新希望房地产事业部在集团董事长、杰出民营企业家刘永好的带领下，始终低调地在埋头打造精品项目。时至今日，新希望已开发项目超过100万平方米，新希望房地产项目已遍及四川、上海、大连、呼和浩特、昆明、南宁、沈阳、武汉等地，扎实稳步的发展，酝酿着一种厚积薄发之势，亦为新希望品牌添加了更多内涵。

新希望房产事业部以建立稳健的开发能力、健全财务的制度、完善的预算管理、优化资产结构、优化管理流程和授权为目标，依托集团强大后盾，经过几年的蓄势发展，目前拥有稳定且专业化的团队，立足成都、面向全国，高歌猛进，打造出一系列获得众多荣誉的优秀产品，得到各地市场认可。

集团首先投巨资开发的"成都锦官新城"，规划面积近40万平方米，其中物业形态包括顶级别墅、小高层电梯公寓和星级酒店公寓，规划住户达2000户，获好评如潮，证实了新希望房产的开发能力。继成都锦官新城之后，锦官丽城·亲水湾、锦官秀城、红南港、商鼎国际、新都堤压纳河谷相继面世，均取得不俗销售业绩。目前，即将推出的系列新希望高档商业、办公及酒店物业地产项目为世人所瞩目和期待。

在立足成都的同时，新希望地产把战略放到了上海，投资上海抢占先机。在上海最大的世纪公园旁开发的"四季全景台"，成为进入沪上的首个品牌楼盘，为今后的发展打下了良好基础。目前推出的上海半岛科技园，成为新希望房产奉献给上海的又一精品力作。

大连新希望花园是新希望运作成功的"全国优秀休闲度假社区"，是新希望跨区域发展战略的序曲，也为新希望房产注入了丰富的内涵，规划面积达十余万平方米，居民达1000户。该项目以其优秀的规划设计、独特的建筑特色和过硬的产品品质而赢得了大连市场的认可。即将推出的大连新希望家园以王者归来的气势再次给大连购房者带来了新的希望。

呼和浩特新希望家园项目的入驻，成为内蒙古地区房地产开发的领路人和先锋军，在取得良好市场口碑和销售业绩的同时，为提升当地民众居住品质和物业价值作出了表率。

昆明大商汇通过三年时间开发了近80万平方米商业体系，通过优良的招商和运营管理，在提升城市的综合竞争能力，推动城市发展、改善城市交通、实现地区税收持续增长方面进行了良好代言。南宁大商汇将在此基础上，将在广西南宁创建百万平方米的北部湾地区经济发展和贸易交流中枢，为事业部大商汇商业体系的成功运作再添辉煌。经过不同系列的项目开发，为新希望房产的稳健发展积累了经验；经过对管理的完善和优化，为新希望房产全国扩张指明了方向。新希望房产事业将建立自己的运作理念，形成特有的开发格局，打造出具有核心竞争力的过硬品牌。目前新希望房产正在全国各大城市积极储备土地，相信不久的将来，新希望房地产项目将会在祖国的大江南北遍地开花，新希望房地产，将会和集团其他产业一样，成为全国知名的金字品牌。

目前，新希望房地产正开发、待开发的房地产项目尚有 200 万平方米。新希望集团将发展房地产业作为集团现金流的调节机制。每年保持超过 20 亿元的可销售资源，有效地保障了集团主业发展进程中的现金流平衡。

3　新希望集团未来五年的战略

农牧事业是新希望集团的核心主业。未来 5 年，在新希望体系内，将实现供给仔猪 1000 万头，禽苗 10 亿只，饲料 1000 万吨；实现合同奶牛 15 万头，牛奶加工 80 万吨，猪肉食品加工 100 万吨，禽肉食品加工 120 万吨；产业同时涉及上游原料基地，示范养殖，以及下游食品深加工和城市分销；联系、帮扶、带动 1000 万农民朋友增收致富；实现可合并年销售收入 500 亿元，其中来自海外的应占 10%。

化工事业是新希望的第二主业，在未来 5 年，实现西部地区至少 5 个核心基地，实现年销售收入 90 亿元以上。地产及基础设施事业、金融投资事业及其他事业，将在现金流、投资来源和资产安全性等方面为新希望主业提供强大支持。两项事业形成资金价值将达 200 亿元规模。

新希望集团秉承"严格的专业化管理与有限的多元化发展"的企业战略，在董事长刘永好的带领下，依靠全体员工的竭诚努力，"百年新希望"的理想将在新希望人不倦的追求与奋斗中变为现实！

4　作者观点

多元化历来是理论界与企业界热门的话题，多元化是也好，多元化不是也罢，总之，国内的企业都在努力尝试着多元化给公司发展带来的刺激，无论是成功的刺激还是失败的刺激。在我们国家改革开放才走过仅仅30年历史的日子，我们没有办法获取更多的经验，只有勇敢地去尝试，这样的经验甚至教训才会让我们记忆深刻。在没有得到最后的答案之前，我们不好盖棺论定，对多元化说"No"或者说"Good"，就像一位哲人说的，本来没有路，走的人多了，也就成了路。我想，新希望也许就是传说中在披荆斩棘摸索自己的路的那位先行者吧？

思考与讨论

1. 对于新希望集团这样的民营企业，是否应该选择与自身优势有较大关联度的多元化道路，还是选择关联度弱的多元化之路？

2. 涉足房地产市场对新希望集团来说存在哪些风险？应该如何控制？

3. 你认为刘永好这样的明星企业家造就了新希望的成功还是新希望造就了刘永好？像新希望这样的民营家族企业，在未来的发展道路中应该如何管理？

通威集团的战略*

李 勇

摘　要　通威集团是国内最大的水产饲料及主要的畜禽饲料生产企业。但通威集团并不甘心水产饲料老大的寂寞，而是开始了其多元化历程。从进入房地产领域的小试牛刀，到高调进入光伏产业的多晶硅项目，通威立志要做一个真正的集团化公司。

关键词　通威　战略

引言

由全国政协委员刘汉元先生创建的通威集团是以饲料工业为主并在IT、生物工程、国际贸易、宠物食品、建筑与房地产、大农业开发等行业快速发展的大型民营科技型企业。集团现有员工近万人，具有国内外大学学历或中级技术职称的员工近千人，其中有一大批拥有博士和硕士以上学历。集团控股的通威股份有限公司拥有90多家分、子公司，年饲料生产能力逾500万吨，是国内最大的水产饲料及主要的畜禽饲料生产企业。

1　公司背景

通威集团是以饲料工业为主，并在化工、新能源、宠物食品、IT、建筑与房地产等行业快速发展的大型民营科技型企业，系农业产业化国家重点龙头企业。通威集团现拥有遍布全国各地及东南亚的90余家分、子公司，拥有员工近万人，其中通威股份上市公司年饲料生产能力逾500万吨，已成为全球最大的水产饲料生产企业及主要的畜禽饲料生产企业，水

＊ 本案例由作者根据多方面资料整理而成。

产饲料全国市场占有率已达到20%，连续12年位居全国第一。

通威先后被评为中国民营上市公司100强、中国最具竞争力民营企业50强、中国民营企业品牌竞争力50强；通威先后荣获"中国驰名商标"、"国家免检产品"、"中国名牌"、中国饲料行业唯一标志性品牌等荣誉；同时，通威品牌以44.49亿元人民币连续五次入列"中国500最具价值品牌"榜。

通威企业集团的核心企业——通威集团有限公司，最初以饲料及饲料添加剂、浓缩料生产驰名全国。1992年，它成功地达到了国家规定的各种资格标准，成为集团公司。产业涉及饲料、电子元器件、汽车、进出口贸易等。饲料年产能力逾100万吨，成为中国最大的淡水鱼用饲料生产供应基地及重要的畜禽饲料生产企业。

通威集团依靠科技，奉行"诚、信、正、一"的经营理念，坚持以"人"为本，以质量为基础，以市场为龙头的经营原则。目前在国内外拥有四川、重庆、涪陵、山东淄博、湖北沙市等饲料子公司，以及通威（美国）有限公司等十余个子公司和分支机构。通威集团开发、生产的"通威"牌系列饲料产品先后十余次荣获国家级新产品、新技术金奖及星火科技金奖，被公众推举为"中国十大名牌饲料"；除主销西南地区外，还通过通威各地的子公司、分支机构，销往全国各地及东南亚地区。集团人均产值和人均利税在全国同行业中名列前茅，跻身中国饲料工业行业百强企业前十强，位居"中国500家最大私营企业"第二位。

通威集团在获得自身稳健发展的同时，以一个成功企业的社会责任感，情系民生，饮水思源，用真情和爱心回馈社会各界的厚爱，积极参与社会公益事业和光彩事业。今后5—10年，通威集团将继续保持稳健快速的发展势头，在确保饲料行业领导者地位的前提下，加大通威水产产业链的拓展力度，强力推进通威无公害鱼在全国各地的上市进程，积极涉足水产品深加工和动物保健品生产等领域。

2 通威集团的多元化战略

2.1 通威的老本行——饲料

公司积累了大量的水产品养殖经验，年饲料生产能力达503万吨，其中水产饲料占50%以上，目前已在北京、广州、武汉、上海四大区域建成数十万亩无公害水产品标准化养殖基地，同时通过资本运作，成功控股海南大海水产饲料公司，成为海南虾苗供应商和国内虾饲料第二大生产企业。

通威集团从做饲料发家，到现在涉足多行业、多产业的今天，其最大最核心的产业也是饲料。据通威的半年度财务报告，2008 年上半年公司实现营业收入 42.7 亿元，同比增长 59.8%，净利润 7411.7 万元，增长35%，其中 1—6 月公司饲料产品实现收入 34.9 亿元，占营业收入的81.83%，饲料产品仍然是公司利润的主要来源。

通威股份是由通威集团控股，以饲料工业为主，同时涉足水产研究、水产养殖、肉制品加工、动物保健以及新能源等相关领域的大型科技型上市公司，系农业产业化国家重点龙头企业。现拥有四川、广东、重庆、昆明、厦门、武汉、苏州、长春、沈阳、沅江、沙市、淮安、无锡、南宁、海南、粤华、大海及越南等遍布全国各地及东南亚地区的 90 余家从事饲料工业生产销售的分、子公司及以新能源产品多晶硅生产为主的永祥股份、四川永祥多晶硅公司。饲料型公司生产水产、畜、禽饲料及特种饲料近 500 个品种，年饲料生产能力达 500 万吨，是全球最大的水产饲料生产企业及主要的畜禽饲料生产企业，其中水产饲料全国市场占有率已达到20% 左右，连续 14 年位居全国第一。

2.2　通威水产

通威（成都）水产食品有限公司是通威股份投资 1.2 亿元在成都市新津县创建的全资子公司，是集水产养殖、水产品加工、技术研发、出口贸易为一体的综合性大型食品加工企业，主营鮰鱼、美国斑点叉尾鮰鱼、花鲢鱼头等的速冻和冰鲜鱼片。

通威水产食品严格按照 HACCP 质量管理体系、欧盟及美国 FDA 卫生注册的要求，引进国内外先进的设备和技术进行工艺设计，通过了ISO9001 质量管理体系认证，ISO22000 食品安全管理体系认证，每一环节都有严格的检测及控制，确保卓越的产品品质。以"改善人类生活品质成就世界水产品牌"为企业使命，以"打造世界级健康安全食品供应商"为目标，通威水产食品在推出安全、健康、美味水产品的同时，不但实现了自身产业的良性循环，更为人类饮食安全和不断提升的生活品质提供了保障！

2.3 涉足农业生物科技

湘西州金凤凰农业生物科技有限公司是农业产业化国家重点龙头企业通威股份有限公司合股经营的公司，是一家新建的水产品加工特别是斑点叉尾鮰鱼加工出口企业。

公司位于湖南省吉首市吉庄工业园区，拥有现代化的全套水产品加工设施及现代办公、检测手段、现代管理制度及一流的管理团队。生产的产品全部出口美国、欧盟等地区，是目前湖南省省内规模较大的内陆淡水产品自营出口加工企业。

公司以"改善人类生活品质，成就世界水产品牌"为己任，与通威其他分、子公司一同努力，打造全球最大水产品供应商。公司采取"公司＋基地＋农户＋标准化"的运作模式，按照建立国家级绿色水产品养殖基地的标准和要求，开发具有"矿泉水养鱼"之称的湖南省湘西州 40 余万亩大水库和辐射湖南、湖北相邻地区近 100 余万亩大水面，成为原料丰沛，产供销一条龙，可控、可追溯的创新型加工出口企业。公司与华中农业大学、湖南农业大学、湖南省水产科学研究所等全国 30 余家大专院校、科研院所建立了合作关系，发展后劲强劲，前景广阔。斑点叉尾鮰鱼产业化项目于 2005 年正式启动，现正申报国家星火计划，是湘西州和吉首市"十一五"规划的重点建设项目。

金凤凰农业生物科技有限公司的创建与升级，填补了湘西州水产品加工出口的空白，对于促进湘西州产业结构调整，引导农业产业化与国际市场接轨，培育新的经济增长点，统筹城乡经济协调发展将起到巨大作用，对构建和谐库区和解决湘西乃至两湖地区三农问题具有重大意义。

2.4 进军房地产

通威集团属下的"四川省通力建设工程有限公司"，是四川省的骨干建筑企业。具有"房屋建筑工程施工总承包二级"、"市政公用工程总承包二级"和"建筑装修、装饰工程专业承包二级"共三个二级资质。公司拥有各类中、高级工程技术人员 150 余名，以及能完成相应工程施工的各种建筑机械近百台。

公司秉承通威集团"追求卓越、奉献社会"的企业宗旨，坚持"诚、信、正、一"的经营理念，严格执行国家的各种建筑规范。多年来，公司承建的各项工程，其优良的建筑质量和优良的履约能力均受到建设管理部门和建设业主的高度赞誉。多年来，公司在建筑领域取得了优异的业

绩。特别是近三年来，承建了重庆通威饲料有限公司、广东通威饲料有限
公司、武汉通威饲料有限公司、天津通威饲料有限公司以及淮安、西安、
昆明、厦门、南宁通威饲料有限公司和江苏苏州牧羊集团新区建设工程；
承担了四川省康定旧城改造、四川省夹江旧城改造工程和四川省西昌旧城
改造工程项目。累计建筑面积达 25 万余平方米，产值逾 5 亿元。

2.5　高调进入光伏产业

跨入 21 世纪的今天，石油作为最重要的能源物资，其逐渐枯竭使人
类开始面临经济和社会可持续发展的重大挑战，如何在有限资源和严格环
保要求的双重制约下发展经济，正成为全球共同面对的热点问题。

能源问题的突出，不仅表现在能源的逐渐匮乏，更重要的是石化能源
在开发利用过程中产生了诸如环境污染、温室效应等一系列问题，人类要
解决这些问题以实现可持续发展，只有依托科技进步，大规模开发可再生
替代能源。

太阳能以其独有的优势，越来越受到各国政府和经济界的关注，太阳
能光伏产业已成为世界性的新能源共识。一旦太阳能电池板解决了其经济
性、稳定性和可靠性，将形成巨大的市场潜力和良好前景，也必将在 21
世纪得到长足发展，最终在世界能源架构中担纲重任，成为未来的主导
能源。

国内多晶硅供需缺口巨大。随着 20 世纪 50 年代第一块硅太阳能电池
问世从而揭开光电技术的序幕，60 年代太阳能电池进入空间，70 年代实
现地面应用，太阳能光电技术发展异常迅速。1990 年以来，全球太阳能
光伏发电装置的市场销售量以年平均 16% 的幅度递增，目前总发电能力
已达到 800MW，相当于 20 万个美国家庭的年耗电量。目前全球已建成多
座兆瓦级光伏电站，其容量已与太阳能热发电站相匹敌。除此之外，世界
各国推出的"屋顶计划"更加引人注目，显示了光伏发电的广阔应用前
景和强大的生命力。

光伏产业的巨大发展带动硅行业的迅猛发展，作为其基础原材料的多
晶硅需求量也日益加大，全球目前多晶硅每年的缺口在 6000 吨左右；我
国 2006 年光伏企业预计硅片产能为 360MW，光电池产能 700MW，大概
需要多晶硅 5915 吨；我国 2005 年集成电路产量为 260 亿块，需要多晶硅
1130 吨。

而国内多晶硅无论技术水平还是生产规模上均与世界先进水平有很大

差距，产量仅占世界总产量的 0.3%—0.4%，市场需求基本依赖进口，供需缺口巨大。在缺少国内竞争对手的条件下，进口多晶硅价格一直居高不下，影响到我国信息产业和太阳能利用的发展。

近年来，随着我国有机硅产业年均 20% 的增长速度，对三氯氢硅的需求量迅速增加。预计今后 5 年乃至 10 年，随着我国经济的飞速发展，尤其是精细化工、有机硅产业、电子产品、光纤通信等行业的快速发展，为三氯氢硅的生产和下游产品的开发提供了巨大的市场空间和机遇，也将相应拉动我国三氯氢硅市场需求量快速增长，三氯氢硅的发展呈现出广阔前景。

为不断提升企业未来的整体竞争能力，通威集团在坚定不移强化饲料、水产核心主业的同时，兼顾适度多元化发展，开始悄然进军多晶硅产业，并于 2006 年年底正式启动多晶硅项目。该项目位于四川乐山市，总投资达 30 亿元人民币，产能规模为 5000 吨/年，一期规模为 1000 吨/年，2008 年 7 月投产，并将同时启动二期工程，最终于 2010 年实现年产能力 5000 吨多晶硅的规划目标。5—10 年内，通威集团在该领域将实现年产值达 100 亿—150 亿元人民币。

通威多晶硅项目将实现资源的合理利用，大幅度降低能耗、节约投资、降低成本，解决乐山市发展多晶硅、单晶硅产业的原料供应后顾之忧，有着明显的经济效益和社会效益，可为企业的发展壮大注入新的活力。

通威进入多晶硅领域，还具有得天独厚的优势：旗下的乐山永祥树脂有限公司是一个大型氯碱化工企业，其 PVC 树脂副产品三氯氢硅是多晶硅生产的核心原材料，生产多晶硅所需要的 Cl_2、H_2、$SiHCl_3$ 等原材料都已建成完整的相应装置，且地处乐山市五通桥，交通方便，水力资源丰富，解决了生产多晶硅原材料及巨大能耗的需求。三氯氢硅试车成功，解决了建设和发展多晶硅的原料问题，成功完成公司跨入多晶硅产业的第一步。

目前中国的多晶硅生产规模为 1800 余吨，仅乐山就占其中的 1600 余吨，并拥有新光硅业等大型多晶硅生产厂家，具有良好而成熟的产业资源、管理经验和技术基础，为通威进入多晶硅领域形成了良好的外部资源环境，有利于通威较好地进行优势整合与产业联动，让多晶硅项目如虎添翼，并迅速发展壮大。

　　基于上述原因和战略思考，积极响应行业发展需求，通威集团和巨星集团通过对多晶硅项目的严密论证，尤其是生产技术的分析了解，然后集聚了一大批国内外多晶硅知名专家，引进国外先进技术和设备，并结合国内成熟工艺进行改进，为多晶硅工程提供技术，有助于我国多晶硅技术的升级换代。

　　由通威集团和四川巨星集团联手打造的永祥多晶硅生产基地首期1000吨项目投产典礼暨二期3000吨项目奠基仪式在乐山市五通桥的厂区内隆重举行。永祥多晶硅生产基地设计规模为年产多晶硅三期1万吨，项目分三期稳步推进，首期年产1000吨的多晶硅生产线的投产，标志着通威集团与巨星集团联手打造世界级多晶硅生产基地和世界级清洁能源企业的宏伟战略首战告捷，并为随后即将实施的3000吨和6000吨多晶硅生产线奠定了良好而坚实的技术基础、管理基础和团队基础，也标志着乐山这一中国"硅谷"的第三个千吨级多晶硅项目正式达到产量，更标志着四川省、乐山市千亿级硅材料产业带的打造迈上了一个新的台阶，并在实质意义上强化了国内乃至全球太阳能利用和信息产业的发展信心。

　　据悉，1000吨一期工程的竣工投产，使得永祥多晶硅公司在连续生产及稳定性、产品质量保障等技术及创新方面获得了多方面的突破；在硅棒生长速度、资源循环利用、物料封闭运行、副产品能用回收利用等方面实现了大量的自主创新，形成了覆盖多晶硅、PVC、三氯氢硅和水泥等多个产品的物料循环利用的综合、封闭循环体系；特别是在还原系统操作压力等世界性技术瓶颈的攻克方面获得了重大突破，很好地体现了环保、科学、和谐发展的理念；在工艺技术、精馏技术、还原技术、设备技术、电器自动化控制技术、热能综合利用技术、分析检测技术等方面也形成了具有自主知识产权的多项成果。同时，一期工程第一炉多晶硅产品经美国Evans Analytlcal Group 检测认定，产品质量优异，远远超过太阳能级，接近电子级，这在多晶硅行业中较为罕见。另外，作为首次全新涉足多晶硅行业的企业而言，永祥多晶硅公司的一期项目仅用了1年的时间，这种新兴企业的建设速度，改写了千吨级多晶硅建设工期普遍需要3—4年的历史，在新兴多晶硅企业中创造了首屈一指的短工期历史纪录。

　　多晶硅是太阳能光伏产业最重要的战略资源产品，也是四川省建设西部经济发展高地的重要支柱产业之一，永祥1000吨多晶硅项目的竣工投产和3000吨项目的奠基，适应了市场竞争的最佳时机，也是对"5·12"

汶川特大地震灾后重建这一关键时期的最大支持。

3 作者观点

企业发展到一定的阶段，多元化或者在产业链的整合是企业必须面对的课题。无论是多元化，还是在饲料产业链的整合，通威在努力做着自己的尝试。如何抵御投资的诱惑？如何在战略决策中防范风险，可能不仅仅是通威，而是几乎所有的民营企业都要面对的抉择。成功了，不仅是利润，接踵而来的是鲜花和掌声；失败了呢？没有人为这些民营企业家买单，可能留下的仅仅是流星划过夜空的一道亮光而已。

思考与讨论

1. 你认为通威的成功是否在于其发展战略？为什么？
2. 你认为通威在以后的发展道路中是否应该继续扩大其饲料生产的优势？还是继续扩大战线发展高科技产业以扩大利润？
3. 通威耗巨资投资于与集团自身无关的光伏产业是否可取？
4. 你是否认为通威集团进入光伏产业是一次冒险？应该如何控制风险？
5. 通威在做大做强的过程中难免会碰到问题，像这样庞大的民营企业，在面对多元化产业的今天应该如何规避风险？

五粮液集团的战略[*]

李　勇

摘　要　五粮液集团从"九五"期间到 2004 年，公司创下了销售收入年均增长 26% 的神奇速度，并持续保持白酒行业第一的荣誉。此外，除了酿酒业之外，五粮液集团还在机械制造、电子、印刷、包装、运输、环保等产业取得了长足的进步。

关键词　五粮液　集团　战略

引言

宜宾五粮液集团 2007 年全年实现销售收入 252.38 亿元的经营业绩，上榜"2008 中国企业 500 强"，也成为白酒行业唯一入选的企业。此外，五粮液集团还以 2007 年纳税额 34.60 亿元的业绩，分别位列"中国企业纳税 200 佳"第 84 名、"中国企业效益 200 佳"第 113 名。宜宾五粮液集团公司长期以来十分重视环境保护工作，先后经历了高消耗高排放阶段、注重降低消耗的末端治理阶段、资源综合利用阶段、循环经济基本形成阶段，现正进入全面实施循环经济阶段，实现了从粗放式高消耗高污染的传统生产经营模式到集约化循环经济发展模式的转变。

1　公司背景

五粮液集团有限公司位于"万里长江第一城"——中国四川省宜宾市北面的岷江之滨。其前身为 20 世纪 50 年代初由几家古传酿酒作坊联合组建而成的"中国专卖公司四川省宜宾酒厂"。1959 年因其产品五粮液酒

---

* 本案例由作者根据多方面资料整理而成。

的优秀品质和声誉而正式命名为"宜宾五粮液酒厂"。

从 1985 年起，原五粮液酒厂创造性地将历史文化传承与现代的科学运作相结合，从而取得了高速的发展。1998 年，正式改制为"五粮液集团有限公司"。

从"九五"期间到 2004 年，公司创下了销售收入年均增长 26% 的神奇速度。公司发展的主要战略目标是：逐步提高高、中价位品牌的市场占有率，逐步降低低价位品牌的市场占有率，实施 1 + 9 + 8 品牌战略（即 1 个世界性品牌、9 个全国性品牌、8 个区域性品牌），在 70 余个品牌中打造出 18 个重点品牌，承载 40 万吨商品酒的销售量规模。把五粮液集团有限公司建设成为集规模化、现代化、集团化、国际化于一身的特大型企业。

五粮液集团有限公司大力实施"一业为主、多元发展"战略，形成了以五粮液及其系列酒的生产经营为主，同时生产经营精密塑胶制品、成套小汽车模具、大中小高精尖注射和冲压模具，以及生物工程、药业、印刷、电子、物流运输和相关服务业等多元发展，具有深厚企业文化的现代企业集团。2005 年，公司实现销售收入 156.65 亿元。集团公司现有职工 3 万人，科技开发和生产经营的建筑设施错落有致地掩映在 9 平方公里的花园般厂区中。

在追求产品品质的同时，五粮液人以质量、规模、效益为工作重心，实施了成功的阶段性战略突破和高速发展，使五粮液集团具备了年酿造五粮液及其系列酒 40 多万吨的生产能力，以及年包装各类成品酒 40 多万吨的配套生产能力。

此外，现代机械制造、电子、印刷、包装、运输、环保等多元产业取得了长足的进步，展现出美好的前景。五粮液集团已经发展成为拥有多个全资或控股子公司的具有规模效益优势和巨大发展潜力的特大型企业集团。

五粮液人用智慧、勤劳和创新求进、永争第一、不断追求卓越的精神，创造着五粮液集团博大精深的企业文化，创造着五粮液集团优秀品质的产品和服务，创造着五粮液人卓越的经济效益、环境效益和社会效益。

2　五粮液集团的战略

五粮液集团的前身为 20 世纪 50 年代初由 8 间糟房组建的五粮液酒厂。进入 80 年代中后期，五粮液集团抓住改革开放和机制转变的大好时机，有计划地实施了"质量效益型"、"质量规模效益型"、"质量规模效益及多元化"三步发展战略，企业得到了长足的发展，进一步巩固了"中国酒业大王"的地位。

第一步战略（1985—1990），走质量效益型道路。

这一阶段是质量管理的深化阶段。这一时期五粮液集团以深挖内部潜力，深化全面质量管理，促进优质品率的提高（科研技改为生产，生产围绕市场转，降耗促优保安全，管理到位增效益），不断改进外观质量和科技含量，增加附加值。公司接受并深入推行了全面质量管理观念，收到很大成效，经受住了 1989 年紧缩银根、名酒不准上宴席、由国家专卖改为自己找市场的严峻考验，夺取了市场先机。

第二步战略（1991—1996），走质量规模效益型道路。

主要是在保证提升质量的前提下，加快扩展生产能力（规模）。此战略主要是从两个方面考虑：一是通过第一阶段的质量管理，公司积累了扎实的质量管理经验，企业的无形资产、产品的知名度得到了大幅度提高，名牌战略成效充分显露；二是结合五粮液生产工艺的特殊性和改革开放的大好形势，为扩大五粮液及其系列酒的市场空间创造了条件，从而获得了巨大的规模效益。

第三步战略（1997—　），走质量规模效益及多元化发展道路（一业为主，多元发展）。

企业在以酒业为主业的基础上，实行多元化的质量规模效益扩张。具体步骤是：1997—2000 年多元发展起步阶段；2000—2005 年多元发展做强阶段；2005—2010 年多元产业在行业争取第一阶段。1998 年，随着五粮液集团公司的组建和五粮液股份有限公司的上市，以产业多元化发展为标志，企业正式走上长期发展战略的第三步。2000 年年底又提出第二次创业，一个以白酒酿造为主业，塑胶加工、模具制造、印务、药业、果酒、电子器材、运输、外贸等多元发展的跨行业企业集团迅速壮大。

2000 年五粮液集团取得了第一次创业的成功。面对跨入新世纪、中国加入 WTO 的新形势，为保证五粮液集团公司持续、健康的发展，2000年9月9日，集团公司党委书记总裁王国春在集团公司召开的思想政治工作会议上正式提出了"第二次创业"的新目标，展开了"中国酒业大王"迈向新世纪的蓝图。

要迎接"入世"的挑战，要参与激烈的国际竞争，力争在 10 年之内，进入世界 500 强，如果不把规模做大，经济实力单薄，是肯定做不到的。所以，必须迅速做强做大主业，开拓其他产业，培育新的经济支柱，加速新的扩张步伐，逐步发展成为多领域的跨国大公司。

3 五粮液的产业构成

3.1 主要产业——酒业

五粮液集团的成名产品"五粮液酒"是浓香型白酒的杰出代表。它以高粱、大米、糯米、小麦和玉米五种粮食为原料，以"包包麯"为动力，经陈年老窖发酵、长年陈酿、精心勾兑而成。其五谷杂粮的特殊工艺，恰到好处地融合了五种粮食的精华，规避了其他白酒用单一红粮或两三种粮食为原料，酿酒风味单一、口感欠佳的缺陷，形成了"香气悠久、味醇厚、入口甘美、入喉净爽、各味协调、恰到好处、尤以酒味全面而著称"的酒体风格，成为真正在环保的大自然中发酵的食品；其独有的自然生态环境、600 多年的明代古窖、五种粮食配方、酿造工艺、中庸品质、"十里酒城"等六大优势，成为当今酒类产品中出类拔萃的珍品。

自 1915 年代表中国产品首获"巴拿马万国博览会"金奖以来，五粮液又相继在世界各地的博览会上共获 39 次金奖，1995 年在"第十三届巴拿马国际食品博览会"上又再获金奖，铸造了五粮液"八十年金牌不倒"的辉煌业绩，并被第五十届世界统计大会评为"中国酒业大王"。2002 年6 月，在"第二十届巴拿马国际商展"上，再次荣获白酒类唯一金奖，续写了五粮液百年荣誉。同时，五粮液还四次蝉联"国家名酒"称号；四度荣获国家优质产品金质奖章；其商标"五粮液"1991 年被评为首届中国"十大驰名商标"；2003 年再度获得"全国质量管理奖"，成为我国酒类行业唯一两度获得国家级质量管理奖的企业；数年来"五粮液"品牌连续在中国白酒制造业和食品行业"最有价值品牌"中排位第一，2006年其品牌价值达 358.26 亿元，连续 12 年稳居食品饮料行业榜首，位居中国最有价值品牌前四位，具有领导市场的影响力。2006 年度，五粮液系列酒的出口量占全国白酒总出口量的 90% 以上。

集团公司坚持将现代科技与古老的传统工艺相结合，系统研制开发了五粮春、五粮神、五粮醇、长三角、两湖春、现代人、金六福、浏阳河、老作坊、京酒等几十种不同档次、不同口味，满足不同区域、不同文化背景、不同层次消费者需求的系列产品。特别是一帆风顺五粮液、五粮液巴拿马纪念酒、五粮液年份酒等精品、珍品系列五粮液的面世，其在神、形、韵、味各方面精巧极致的融合，成为追求卓越的典范。

3.2 酒相关产业

3.2.1 酒糟生产白炭黑

传统酿酒生产属高消耗、高污染的小作坊式生产，丢糟及废水的有效治理问题一直困扰着白酒企业的发展。1988—1996 年间，五粮液集团为治理酿酒生产排放的丢糟，先后三次共投资 3128 万元新建和扩建饲料厂，试图通过加工成饲料的方式，解决丢糟日益增加的问题。但是，由于饲料厂消化能力有限，未得到彻底治理的大量丢糟堆放在垃圾场，流出的有机污水对周边地区农业生产造成了严重影响。

1996 年，五粮液集团成立了以总裁王国春为项目负责人的课题组，另辟蹊径对丢糟的综合利用进行深入研究。1998 年，利用丢糟酿酒和燃烧供热及利用稻壳灰生产白炭黑的"无害化、效益化处理丢弃酒糟工艺技术"研制成功。

1998—2002 年，五粮液集团共投资 2.167 亿元建设了丢糟多级链式综合利用设施。其流程是先用丢弃酒糟生产复糟酒，之后不能利用的丢糟再送至锅炉房作为燃料生产蒸汽，燃烧后的丢糟灰则用于生产白炭黑。通过这一过程，年可处理丢糟 50 万吨，增产原酒 15000 多吨、蒸汽 90 万吨、白炭黑 5000 吨，创经济效益数千万元，实现了丢糟资源化利用、无害化处理、减量化排放，在国内率先实现了固态酿酒清洁生产。

3.2.2 水提取乳酸

针对酿酒底锅水有机物浓度高达 10 万毫克/升的特点，1995 年，五粮液集团研究开发底锅水综合利用技术。1997 年，由该公司自行研发的、领先国内的底锅水生产乳酸技术研制成功，1998 年上半年，相关处理设备中试成功。随后，五粮液集团于 1999 年投资 3300 余万元建成乳酸回收工程，该工程年可处理高浓度底锅水 60000 吨，年产乳酸 1800 吨，乳酸钙 300 吨；利用底锅水生产乳酸后，不但将酿酒底锅水 COD 排放量降低 75% 以上，而且每年还能新增销售收入 800 万元，利税 50 万元。

酿酒排放的黄水、酒尾、底锅水经过乳酸回收工程后尚有大量香味物质没有得到充分利用。为此，2002 年年初，五粮液集团又开始了提取乳酸生产副产物的研究。经过 3 年努力，投资 3217 万元的超临界二氧化碳萃取技术装备 2004 年年底在该公司中试成功，并于 2005 年 9 月进入试生产，实现了从乳酸产品生产过程中分离酿酒副产物——酒源香味物质。经统计，这套装置年可消化酿酒资源液 2000 吨，提取酒用香源 120 吨，使酿酒过程产生的废物得到了 100% 再利用，实现了清洁生产。

此外，五粮液集团还先后投入资金 12700 万元，建成了 4 个废水处理站及相关设施，并利用能耗低、效益好、效率高的污水处理新技术对经过乳酸回收和酒源香味物质提取后的废液及其他废水进行进一步利用和处理。每天处理废水产生的约 10 万立方米沼气，则全部输送至煤沼混烧锅炉燃烧生产蒸汽，可替代原煤约 100 吨，减少煤渣排放量约 40 吨，减少二氧化硫排放量约 6 吨，节约燃料费 3.2 万元。

发展循环经济、推动节能减排不仅保护了当地生态，而且使企业科学发展之路越走越宽广。

3.2.3 包装印刷产业

四川省宜宾丽彩集团有限公司，是五粮液集团公司下属以印刷为主，集包装设计、印刷、物资贸易为一体的集团公司。目前，丽彩公司拥有 1200 余名技术过硬的高素质员工，固定资产 4.5 亿元，厂房面积达 8 万平方米，800 余台/套国内外领先设备，年生产能力达 25 亿印。丽彩公司秉承"创新求进，永争第一"的企业精神，不断开拓创新、努力奋进，得以在经济效益高速发展的同时，荣获"全国百强印刷企业"、"全国用户满意企业"、"A 级诚信纳税人信用等级证"、"全国 AAA 级客户满意单位"、"质量承诺和质量信誉'双信'单位"等多项荣誉称号。

丽彩集团主要业务是纸质包装，2007 年入选我国百强印刷包装企业之一，销售收入达到 8 亿元左右。丽彩集团目前主要的业务主要为五粮液酒业服务，为五粮液量身设计包装印刷。同时，其业务也包括同行业包装印刷，比如金六福酒业；丽彩集团的主要客户还涉及烟草，这一要求印刷包装质量较高的行业；同时，丽彩集团也做食品行业的包装，康师傅就是其客户之一。就目前的情况来看，丽彩集团还有发展的潜力。国有企业有它的优势，也有其长期以来的劣势。厂房面积 8 万平方米，800 余台国内外的领先设备，其中大部分是海德堡 8 色印刷机，这种机器的承印量特别大，小批量的生产开机运行根本是浪费。通过去五粮液参观调研以后发现，很大一部分设备都没有开工而闲置，造成资产的无形流失。丽彩集团虽然在为五粮液自身的包装印刷上起到了非常重要的作用，但其真正的价值还远远没有提现出来。

五粮液的另一个子公司——四川省宜宾普什集团有限公司拥有超过 30 亿元的固定资产，34 万平方米的巨型厂房，4000 多名员工，500 多名各类专业技术人员。2005 年，普什集团实现销售收入 36.78 亿元，完成利税达 5.6 亿元。普什集团旗下设有普什塑胶、普什集团全资子公司、普什集团合资公司三大子公司，围绕塑胶产品生产加工、模具、机加工及汽车零部件产业，适时扩展业务范围，延伸产业链，着力打造普什"机械板块"、"3D 产品与 PET 深加工板块"以及"建材、包装板块"，不仅占据了国内市场，还远销欧美及东南亚国家。

普什集团对五粮液的贡献在于对五粮液玻璃瓶包装和瓶盖的独特设计。由五粮液集团公司投资 1.5 亿多元人民币引进加拿大 HUSKY 公司的 PET 瓶坯注燮系统、法国 SIDEL 公司的希速 PET 吹瓶机以及德国、意大利、法国等著名公司的装配、印刷、灌装、贴标、打包、堆码等国际一流水准合自动化设备，按照国际标准建立起与自动化相配套的合 PET 聚酯瓶生产线。

这条"中国第一"合 PET 聚酯瓶生产线在五粮液普什集团有限公司建成投产引发了国内白酒包装材料的"第三次革命"，标志着中国白酒包装从半自动化向全自动化迈进。五粮液集团在"瓶盖革命"上，一直是中国白酒企业的急先锋，10 多年来瓶盖上的文章越做越深，越来越精彩。

为了保证五粮液的品质，彻地解决五粮液系列白酒的保真为问题，五粮液集团对普什集团投入大量资金，建成了庞大的各种形状的塑料瓶盖生产系统。特别是引入当今世界最先进的美国 3M 公司的回归反射防伪胶膜技术，这种在国际上应用于护照和高级轿车防伪的尖端技术，与五粮液普什集团有限公司生产的一流防伪瓶盖配套，形成了五粮液系列酒一整套坚固的防伪体系，把中国白酒的防伪水平推到了国际最新水准。

由于该公司所生产的各类瓶盖材质好、造型美、防伪性能高，得到了全兴、剑南春、文君、西凤、郎酒、诗仙太白等国内许多名酒厂家青睐，纷纷订货。

3.2.4 物流产业

五粮液集团安吉物流公司是五粮液集团有限公司的子公司，具备道路货物运输经营的独立法人资格。公司前身是成立于 1982 年的五粮液汽车队，1996 年 4 月 18 日组建成五粮液汽车运输公司。2002 年 12 月 10 日更名为五粮液安吉物流有限公司。2007 年，安吉物流集团有限公司荣获"中国物流百强企业"荣誉称号，排名第 26 位。

安吉物流公司占地面积 20 万平方米，固定资产 2.8 亿元，现有员工1300 余人。公司拥有各型运输车辆、起重、装载及工程作业等机械 1000余台，80TEU 多用途集装箱标准船 10 艘，各型标准车用集装箱 350 个，货物仓储面积 5 万平方米。

公司的货物运输已覆盖全国范围内除台湾、香港、澳门以外的所有省、市、自治区 385 个站、点。公司在重庆市、浙江省杭州市分别设立了五粮液集团安吉物流公司货运分公司。公司每天均有车辆往返于京津、江浙沪、广东等地。由安吉物流公司控股的"五粮液安民汽车销售有限责任公司"经营各型客车、货车、小轿车的销售服务。

安吉物流公司曾获得"中国企业诚信建设示范单位"、"服务质量、信誉双保障实施业"、"2005 年度信用等级 AAA 级企业"、"现代物流试点企业"等荣誉。2005 年，公司被评为"中国道路运输百强企业"和"中国物流百强企业"，实现产值 4.8 亿元。

近期，安吉物流公司获得了中国质量认证中心的授牌认证，成为中国物流行业首家通过 ISO9001 质量、ISO4001 环境、OHSAS18001 职业健康安全三个国际管理标准认证的企业。同时，该公司加快信息化建设步伐，成为四川省 GPS 全球卫星定位系统容量最大、入网车辆最多的物流企业。

4 后记

作为中国白酒业的龙头企业，五粮液集团为中国白酒走向世界树立了榜样。五粮液曾在 2007 年年报中披露，计划在 3 年内逐步将集团公司中与上市公司酒类生产相关度较高的资产收购到上市公司中来，预计 2010年年底以前完成整合，共需要资金约 60 多亿元，其中 2008 年需要资金约19 亿元。

　　整体上市使集团的品牌优势更加凸显。整体上市之前必须处理好的一件事情就是关联交易。资料显示，2007 年度，五粮液与宜宾普什集团、宜宾环球包装有限公司关联交易数额分别为 11.41 亿元、3.1 亿元，与宜宾丽彩集团有限公司的关联交易为 3.39 亿元。物流方面，2007 年，五粮液与集团下属安吉物流关联费用超过 1 亿元。此外，五粮液公司的厂区、办公室等固定资产 2007 年度与上市公司发生的关联交易大约在 1.8 亿元左右。无形资产方面，2007 年度，五粮液一共向五粮液集团交纳了 1.01 亿元的商标使用费。五粮液与五粮液进出口有限公司的关联交易 2007 年达到了 41 亿多元。

　　2008 年，五粮液取得了骄人的成绩，继续创造了三个纪录：销售收入达 300 亿元，创历史新高；品牌价值达 450.86 亿元，连续 14 年稳居食品行业第一；运营商赢利能力创造了 2005 年以来历史新高。中国酒业大王的宝座无人能撼动！

5　作者观点

　　五粮液作为白酒业的代表，有着无数骄人的荣誉，国内能与之抗衡的，可能当属另一颗白酒明星——茅台。虽然双方都自称是老大，茅台的"盘子"显然没有五粮液大，但茅台在资本市场上却是耀眼的明星，五粮液无法望其项背。一个是专业化，一个是多元化，又是一个老生常谈的问题，在没有分出胜负之前，我们是不敢妄下结论的。

思考与讨论

　　1. 试探讨五粮液的成功因素。

　　2. 五粮液从曾经的专业化经营到目前的多元化和一体化发展模式转变，你认为集团本身应该注意哪些问题？应该如何来平衡专业化与多元化的关系？

　　3. 五粮液多元化发展以后，所涉及的领域包括贸易、电子、生物工程、药业、精密模具等行业，你认为五粮液是继续扩大战线还是集中精力发展优势产业？

　　4. 你认为制约五粮液集团发展的因素有哪些？应该如何解决？

蓝光地产的战略眼光[*]

李 勇

摘 要 蓝光集团公司目前已经发展成为以房地产为核心，以绿色饮品开发为重要组成部分的战略格局。重组 ST 迪康，标志着蓝光上市的决心。

关键词 蓝光 房地产 多元化 战略

1 公司背景

四川蓝光实业集团有限公司成立于 1990 年，18 年励精图治、开拓进取，员工总人数 3500 余人，现有下属控股、关联企业十余家，荣获"中国品牌地产 30 强"、"全国百强优秀企业"、"四川省 23 家重点民营企业"、"四川房地产企业综合实力首强"、"成都地产领军企业"等多项荣誉，获得了一级开发商、一级管理商资质和商务部的 AAA + 1 企业诚信等级，蓝光品牌也被权威部门评定价值 6.63 亿元。如今，蓝光集团已发展成为以房地产开发为核心，以住宅开发和服务为主导，商业地产开发为辅助，以绿色饮品开发为重要组成部分，立足西南、布局全国的产业集团。

18 年的历程只是起点，蓝光集团恪守"客户满意是我们的第一目标，尊重和关心员工的个人利益"的核心理念，以回报客户、回报社会为己任，以全球化的视野和学习心态迎接每一次挑战，以专业精神和人本关怀对待每一个细节，致力打造蓝光事业。

面对新的发展机遇，集团以城市运营商的定位，将房地产业务扩展至以自行开发、营销、经营管理为主，工程管理、物业管理和委托管理为辅的专业化产业链。同时，还加大在高科技、金融、环保产业

---

[*] 本案例由作者根据多方面资料整理而成。

的开发力度，完善现代企业国际运作管理体制，走资本社会化、产业国际化、市场规模化之路。秉承"客户满意是我们的第一目标，尊重和关心员工的个人利益"的核心理念，企业同员工共同建立愿景目标，同客户建立双赢互利的战略伙伴关系，以优秀业绩赢得市场和企业良好发展空间，并由此获得各级政府和社会的高度肯定。未来十年，集团将潜心打造核心竞争力，在深度整合优质资源的基础上，积极探索新的投资方向和产业目标，坚定不移地走一条可持续发展之路，跻身国际一流企业集团。

2　蓝光集团的核心产业——地产

房地产作为我们国家的支柱性产业，在国民经济中占据着重要的位置。在全国具有重要影响的地产开发商有不下 100 家，其中万科当属地产大哥，首创置业也很具规模。中国人口众多，城市化进程加快，中国人对房产的需求越来越大，不光是中国本土的开发商多如牛毛，外国的房地产商也纷纷进入中国抢占市场。四川是一个人口大省，成都作为四川的省会城市，自然是很多人理想的居住地。这样一来，造就了成都这块商家的风水宝地。全国大大小小的地产开发商纷纷入驻四川。据不完全统计，成都本土房地产企业就有 150 多家，其中较具规模的当属蓝光集团、新希望集团、鑫兴地产等几家大型开发商。蓝光集团是成都本土开发商中最大的开发商。

蓝光集团从一开始就立志于房地产行业，其开发的理念得到了消费者的全面认同。从 1993 年蓝光大厦落成，到现在的多元化发展，蓝光集团给出了许多骄人的成绩。1997 年 5 月 18 日，由蓝光集团投资兴建的成都市五块石电子电器市场开工奠基，这是中国西部最大规模的电子电器专业市场，位于蓉城北大门繁华商业区，建筑面积 8 万平方米。1999 年 4 月 30 日，成都世纪电脑城奠基典礼。世纪电脑城位于成都市一环路南三段，营业面积近 6 万平方米。世纪电脑城的火暴销售盛况拉开了蓝光集团跻身商业地产开发运作的序幕。2001 年 9 月 29 日，位于高新西区的"蓝光科技研发中心"动工。2003 年 4 月 11 日，蓝光集团总部由西京大厦搬迁至蓝光科技研发中心办公。崭新、大气的现代办公环境伴随着集团高速发展，使此次搬迁成为蓝光集团发展历史的转折点和"里程碑"，从此，蓝光步入快速稳健的发展阶段。2004 年 12 月 2 日，春江花月开盘，春江花月地处武侯祠大街和浆洗街之间，是具备古典神韵的现代休闲商业街。汇集商贸、休闲、文化、民俗、旅游为一体的整合业态，具有国际化、本土化的鲜明特色。

面对全球化的今天，蓝光立志成为房地产业中世界级的城市运营商。为了实现宏大的企业愿景，蓝光集团肩负着重大的使命：为客户提供高品质的产品和服务；用稳健和创新推动企业不断发展，从而为所有利益相关方创造持续的价值；尊重社会人文及自然环境，传承文明，建筑美好生活空间。

蓝光 2008 年市场 20 余个项目的开发以及重庆公司的启动，蓝光对外扩张的步伐已迈出，这也预示着伴随蓝光的快速扩张，它正在从一个地方性的民营企业走向一个全国化的专业房地产开发公司。由此，它的竞争层面不再局限在成都地区，而是放眼全国。这样一来，它的竞争对手也不再是那些活动在全国的房地产公司的"成都"公司，而是他们本身。蓝光集团从 2004 年转型住宅开发以来，成绩斐然。企业也正走向百亿目标，蓝光现象更成为业内一大研究热点，关于蓝光的成功，我们更多看到的是蓝光的快速销售，贴近市场的产品，敏锐的营销应变……

蓝光集团除了新建地产以外，配套的地产咨询业也发展得有声有色。蓝光集团旗下的成都嘉宝管理顾问有限公司，是专注于房地产经营管理服务及顾问咨询的专业机构，荣膺四川省房地产业协会副会长暨物业管理专委会副主任单位称号，拥有国家物业管理企业最高的一级资质。成都嘉宝管理顾问有限公司致力于将国际物业服务理念与本土化运作相结合，与新加坡超群、香港戴德梁行等国际著名物业管理机构建立了战略伙伴关系，不断探索研究适合中国国情和区域特色的嘉宝物业服务运作模式。成都嘉宝管理顾问有限公司拥有一支兼具国际物业管理理念与项目实战经验的资深营销策划及管理团队，在成都成功经营管理了雍锦湾、诺丁山、御府花都、富丽城等逾百万平方米的住宅物业，以及金荷花国际时装城、金色夏威夷、蓝色加勒比、玉林生活广场等逾百万平方米的商业物业。成都嘉宝管理顾问有限公司在实践的基础上，结合国际物业服务理念，倾力打造物业经营管理专家团队，正逐步成为专业化、规范化、标准化、集团化、信息化的，以客户利益和物业经营管理为核心的第三代物业经营管理企业。

3　向绿色饮品行业高调进军

目前，蓝光饮品产品主要包括蓝光、蓝光青城山泉、蓝光天然山泉等桶装、瓶装天然矿泉水，以及蓝光三豆汇系列植物蛋白饮料，销售区域已遍布全川，正逐步拓展全国市场。2006 年 8 月，蓝光饮品投资 6 个亿、占地近 600 亩、位于成都西德源镇的绿色饮品基地正式启用，该基地是目前亚洲最具规模和实力的包装矿泉水生产基地之一。蓝光饮品将以 600 亩绿色饮品基地为基础，以一流人才团队为基石，打造全国一流饮品品牌。

3.1　蓝光桶装水、纯净水

蓝光集团于 2006 年投资 6 亿元人民币，修建了占地 600 余亩、日产桶装水 12 万桶的绿色饮品基地。四川蓝光饮品实业有限公司为蓝光集团下属全资子公司，是一家专业从事饮用水、绿色饮品及食品研发生产销售的企业，是目前亚洲最具规模的桶装水生产基地之一。

四川是一个人口大省，加上天气温和，所以对饮品的需求量非常大，特别是桶装饮用水。据《四川日报》统计，目前成都大大小小的桶装水生产商多达 100 多家，各自生产能力也是强弱不均。四川最具影响的灌装水企业有蓝光、蓝剑·冰川时代、全兴、响水洞、三苏、雪源、威巍、龙泉、五牛、可林娜、涌泉、西部圣水、尚赛、荐康等十多家企业。在成都的饮用水市场上，并不仅仅是本地企业的激烈竞争，同时还有来自全国大型饮用水巨头的逐鹿，其中当然包括怡宝、乐百氏、娃哈哈、农夫山泉等大品牌。四川桶装水市场是全国竞争最激烈的市场之一，尤其是桶装水的价格更是低得让人无利可图，一些中小企业已逐步退市。既然如此，为何几大巨头却不断加大投入？

据中国饮料协会最新数据：2005 年怡宝饮用水的销量已位居全国第二，但这一销量主要是依靠华南地区的广东市场完成的。怡宝在广东的成功，使其开始把目光投向全国，它盯上的第二大市场就是四川，因为四川与广东有许多相似之处，气候温暖，人口众多，饮用水市场潜力大。

另一个可以证明这一潜力的就是蓝剑·冰川时代，蓝剑饮品集团在四川市场运作这一品牌仅 3 年时间，其饮用水年产量就已突破 30 万吨，位居全国前三位；而四川另一桶装水巨头全兴矿泉，2008 年的目标是 1000 万桶。巨头们要想实现其抢占市场的目标，扩产上量在所难免。

怡宝成都分公司有关人士称，多年来，怡宝在四川市场把让每一位顾客喝到健康满意的饮用水作为目标，坚持以品质取胜、以服务取胜，绝不靠低价抢市场；蓝剑饮品集团的副总王斌称，蓝剑·冰川时代的品牌定位就是高品质的天然矿泉水，抢占市场靠的是品牌和品质，而不是价格；全兴矿泉总经理张世斌说，全兴矿泉在市场上一直维持一个较高的价格，支撑这种价格体系的就是全兴多年来在消费者心目中形成的良好口碑。

蓝光以"心若水，润天下"的企业理念，以"质量第一"和"服务客户"为宗旨，牢固树立和发挥品牌优势，积极扩大在饮用水市场的份额。四川蓝光公司在西南饮水行业首获 ISO9001 质量认证。蓝光在青城山下德源镇寻觅到一处呈天然弱碱性、富含偏硅酸、锶等对人体有益的天然矿物质的珍稀水源，同时设立了源水保护区，由专人进行管理，并随时做好对取水点水源的监控，确保水源水质持续稳定。蓝光的每一桶青城山泉矿泉水都经过 38 道严格的清洗、消毒，16 次的人工检验和 20 项数据分析，危害分析与控制贯穿于整个生产过程。而在生产工艺的控制上，蓝光坚持严格按照制水工艺的科学方式进行设计和布局，确保产品水质自然天成；并且，蓝光的整个灌装过程都在达到医药生产环境标准的密封无菌的空间内进行，达到真正意义上的全方位无菌生产。蓝光每个小时都会不间断地对成品进行抽检，严格按照 ISO22000 食品质量安全体系进行质量监管，确保质量安全。另外，蓝光·青城山泉矿泉水实行的桶装水"身份"注册，消费者可通过桶装水瓶口的编码对其进行身份确认，做到无盲点追查。先进配送系统 100 辆配送车辆产品合格出厂只完成了工作的一半，蓝光先进、完善的配送系统更确保了消费者及时、安全地喝上蓝光桶装水。为了满足不断扩大的消费者的需求，蓝光组建了一支近 100 辆配送车辆的专业配送车队，每天不间断地为各个水站及时送去最新鲜的蓝光水。同时，蓝光水业规范送水、CRM 客户服务中心为保证送水的专业与规范，蓝光所有的送水员都进行过科学、系统的培训；同时，蓝光从 2003 年率先推出"透明水厂"活动，征集消费者到水厂参观学习，向他们倡导健康饮水的理念。据统计，截至目前蓝光已累计接待消费者逾 100 万人次。值得一提的是，为提高服务的质量，蓝光还投资 1000 万元建立了 CRM 客户服务中心，开通特别服务号码 96586，及时解决客户的问题，增加了蓝光·青城山泉矿泉水的附加值。

3.2　蓝光绿色饮料

面对 2008 年全球经济的不景气，蓝光集团不是和其他企业一样收缩战线，而是扩大生产经营范围，高调进入和扩大绿色饮品战线。据四川新闻报道，四川蓝光饮品实业有限公司确定了创百亿的宏伟目标：向高利润、高附加值的饮品企业进军，用 8—10 年的时间，打造千万吨级的生产能力，年销售收入实现百亿元。蓝光饮品以前主要做纯净水，如今则把精力更多地倾注在高利润、高附加值的果蔬饮料、植物蛋白等新产品上，公司 2008 年销售收入预计可达 1.3 亿元，新产品将占 20%—30%。开发新产品，抢占新市场，正是蓝光饮品应对经济不景气的策略。2008 年 12 月内，蓝光饮品引进的瑞典利乐包复合果蔬汁生产线、德国康美包复合果蔬汁生产线将正式开建，从而为蓝光饮品带来新的增长点。

受"三聚氰胺"事件影响，2008 年牛奶销量下降不少，豆奶趁机占了便宜。深圳维他奶集团最近称，旗下产品维他奶的销量直升，广州、深圳两大重点城市销量甚至翻番；而另一豆奶品牌老总杨协成也表示，豆奶的销量新增百分数已达两位数。四川蓝剑饮品集团也表示，该公司旗下的唯怡系列植物蛋白饮料订单也同比增加不少。不得不说，豆奶正面临着一个难得的发展机遇。目前，国内很多生产豆奶饮品的企业纷纷扩大战线，抢占市场。

在四川地区，蓝光集团也后发制人，新建几条生产线生产绿色饮品。本土企业，蓝光集团挑战的第一大竞争对手当属蓝剑集团。蓝剑饮品集团总资产 1.5 亿元，下属 6 家公司 3 个原料（原酒）生产基地，主要从事植物蛋白饮料、矿泉水、低度酒的生产和销售，生产规模已突破 60 万吨。植物蛋白饮品居西部第一，全国第三，瓶装水市场占有率居西南第一，并拥有全川 50% 的矿泉水资源。四川名牌"唯怡"植物蛋白饮品荣获 2003 年度成都十大最受尊重品牌，"蓝剑·冰川时代矿泉水"和"蓝剑富氧薄荷水"已成为中国西部最具竞争力的饮用水品牌。蓝光集团面对如此强大的竞争对手，应该如何确定发展战略关系到蓝光绿色饮品的长远发展。

4　参与 ST 迪康重组，"借壳"上市

迪康集团是以药业为主的综合性集团公司、国家级高新技术企业，现

有总资产 14 亿元，净资产超过 4 亿元，有员工 1800 余人；下设新产品研发、生产、包装、销售、连锁零售、中药材产业化、广告等多家子公司。2007 年 10 月，蓝光集团击败众多竞争对手，在迪康重组案中扮演了重要角色。2007 年 10 月 15 日，迪康集团与四川蓝光实业集团有限公司签署了《股份转让框架协议》。蓝光集团将受让迪康集团持有的 ST 迪康 66853500 股股份，占上市公司总股本的 37.65%。蓝光集团也将取代迪康集团成为 ST 迪康的第一大股东。蓝光集团受让标的股份而向迪康集团支付对价的方式为"承债"方式。蓝光集团受让标的股份的对价总额最高不超过 5.7 亿元，对价的支付优先顺序为：迪康集团对上市公司的占用资金、银行债务、政府债务、其他债务。

蓝光集团将采用与上市公司进行资产置换，并以注入上市公司净资产的总额与置出资产的差额部分认购上市公司定向增发股份的重组方案对上市公司进行重组。注入资产的范围为蓝光集团拥有的房地产业务及相关资产，置出资产的范围为上市公司的除现金以外的其他经审计、评估的全部有形和无形资产及人员。

5　作者观点

蓝光集团从 1993 年蓝光大厦落成的那一刻开始，就给成都市的地产行业树立了一个榜样。这 16 年的发展告诉我们，蓝光集团不仅是要做一个成都的本土品牌，它放眼的是全国的广阔市场空间；蓝光集团不仅是做地产这一个行业，也希望在其他行业崭露头角。从蓝光地产到饮品行业再到迪康药业，蓝光集团的多元化也许才刚刚开始。

思考与讨论

1. 你认为蓝光集团的战略是否成功？为什么？

2. 身处房地产这样一个传统的行业，蓝光集团在发展中需要注意哪些问题？

3. 蓝光集团的地产产业链是否是其发展的优势？在发展地产产业的过程中，蓝光还可以如何做？

4. 作为一家房地产的民营企业，你是否认为蓝光集团存在自身的发展局限性？应该如何克服这些局限性？

5. 面对竞争激烈的四川桶装水市场，蓝光进入选择这个行业是否明智？如何才能在这样一个残酷的竞争中取胜？

6. 蓝光集团收购迪康药业，借壳上市，是否是一个成功的决策？在收购的过程中应该如何防范风险？

数据、模型与决策

中美股市相互独立吗

张明善　徐维德

摘　要　中国资本市场和美国资本市场的关联度有多大？这是资本市场普遍关心的问题。选择何种分析方法、如何进行分析是解决这个问题的核心。本案例选择 2007 年 10 月至 2008 年 10 月近 1 年间美国道琼斯工业指数和中国深圳成分指数为基础数据，通过计算二者的相关系数客观地回答了这个问题，为其他类似问题的解决提供了借鉴方法。

关键词　中国股市　美国股市　相关系数

1　案例背景

进入 2007 年，投资者普遍关心这样一个问题：中国资本市场和美国资本市场的关联度有多大。如果关联度大，投资者可以根据美国市场的变化预测国内市场的变化，从而采取相应的措施；如果这种关联度很弱，则关注美国市场的参考意义不大。有观点认为，随着中国经济与美国经济在实体经济层面的不断融合，作为实体经济晴雨表的资本市场必然反映这种状况。因此，中国资本市场与美国资本市场存在较大的关联性。中美经济不断融合的事实可以从权威统计数据得到证实。数据显示，1979 年时，中美贸易额不足 25 亿美元，而到 2007 年则超过 3000 亿美元，28 年间增长了 120 倍！中国近年来一直是美出口增长最快的主要市场。事实上，许多美国跨国公司已经把中国当作其全球生产链条的重要一环，而美国制造业占国内经济的比重不到 15%，这就需要从中国大量进口日用消费品。下表是中美近几年贸易数据。

表1

年份	对美出口	较上年增长	对美进口	较上年增长
2007	2327	14.4	694	17.2
2006	2035	24.9	592	21.8
2005	1629	30.4	487	9.1
2004	1249	35.1	447	31.9
2003	925	32.2	339	24.3
2002	700	28.9	272	3.8
2001	543	4.2	262	17
2000	521		224	

资料来源:《中国统计年鉴》2000—2007年。

近年来,中美经贸关系发展顺利,与建交时相比,中美双边经贸合作已发生质的变化,合作内容已从单一的贸易扩展到经济的各个领域。截至2007年,美国是中国第二大贸易伙伴,第一大出口市场,第六大进口来源地,第三大技术进口来源地;中国则是美国第三大贸易伙伴,第四大出口市场,第二大进口来源地。此外,美国目前仍是我国外资最大的来源地之一。截至2007年,美国在华投资设立企业5.4万多家,实际投资超过560亿美元。同时,中国企业对美投资也呈增长趋势,涉及工业、科技、服装、农业、餐饮、食品加工、旅游、金融、保险、运输和承包等各领域。外贸依存度的不断提高必然反映到资本市场上,而资本市场的表现似乎也印证了这一点。例如,2008年1月美国花旗银行巨额亏损消息一公布,美国股市应声大落。受此消息影响,中国股市出现连续下跌态势。市场分析人士据此指出,这正是中国资本市场与美国资本市场高度融合的必然结果,中国股市与美国股市存在较大的关联性。但是,随后的不利证据却不断出现,例如:在本轮经济危机中,中国股市的跌幅远远大于美国股市的跌幅。在一些时间段内美国股市单边大幅上扬,而中国股市却大幅下跌;而在另外一些时间段内美国股市大幅下跌,而中国股市却风景独好,出现单边大幅上扬的格局。面对这样的情况,很难让人相信中国股市与美国股市存在较大的关联性。于是也有观点认为,中国股市主要受国内因素影响,是一个相对独立的体系,与国外市场的关联度不大。这是一个非常有趣的问题,只要计算两市的相关性便能很好地回答这个问题。

2 数据选择

选择 2007 年 10 月至 2008 年 10 月近 1 年间美国道琼斯工业指数和中国深圳成分指数为基础数据，列表如下：

表 2

序号	美国时间	美国道指	涨跌	深圳时间	深圳成指	涨跌
1	2007 - 10 - 8	14043.73	-0.16%	2007 - 10 - 9	19178.33	-0.57%
2	2007 - 10 - 9	14164.53	0.86%	2007 - 10 - 10	19342.38	0.86%
3	2007 - 10 - 10	14078.69	-0.61%	2007 - 10 - 11	19273.99	-0.35%
4	2007 - 10 - 11	14015.12	-0.45%	2007 - 10 - 12	19348.46	0.39%
5	2007 - 10 - 12	14093.08	0.56%	2007 - 10 - 15	19084.83	-1.36%
6	2007 - 10 - 15	13984.80	-0.77%	2007 - 10 - 16	19139.93	0.29%
7	2007 - 10 - 16	13912.94	-0.51%	2007 - 10 - 17	19324.54	0.96%
8	2007 - 10 - 17	13892.54	-0.15%	2007 - 10 - 18	19240.47	-0.44%
9	2007 - 10 - 18	13888.96	-0.03%	2007 - 10 - 19	18770.10	-2.44%
10	2007 - 10 - 19	13522.02	-2.64%	2007 - 10 - 22	18522.40	-1.32%
11	2007 - 10 - 22	13566.97	0.33%	2007 - 10 - 23	18350.94	-0.93%
12	2007 - 10 - 23	13676.23	0.81%	2007 - 10 - 24	18696.39	1.88%
13	2007 - 10 - 24	13675.25	-0.01%	2007 - 10 - 25	18659.30	-0.20%
14	2007 - 10 - 25	13671.92	-0.02%	2007 - 10 - 26	18011.48	-3.47%
15	2007 - 10 - 26	13806.70	0.99%	2007 - 10 - 29	18654.54	3.57%
…	…	…	…	…	…	…
216	2008 - 9 - 4	11188.23	-2.99%	2008 - 9 - 5	7299.37	-1.17%
217	2008 - 9 - 5	11220.96	0.29%	2008 - 9 - 8	7278.67	-0.28%
218	2008 - 9 - 8	11510.74	2.58%	2008 - 9 - 9	7027.27	-3.45%
219	2008 - 9 - 9	11230.73	-2.43%	2008 - 9 - 10	6982.12	-0.64%
220	2008 - 9 - 10	11268.92	0.34%	2008 - 9 - 11	7046.47	0.92%
221	2008 - 9 - 11	11433.71	1.46%	2008 - 9 - 12	6859.65	-2.65%
222	2008 - 9 - 15	10917.51	-4.51%	2008 - 9 - 16	6908.55	0.71%
223	2008 - 9 - 16	11059.02	1.30%	2008 - 9 - 17	6843.82	-0.94%
224	2008 - 9 - 17	10609.66	-4.06%	2008 - 9 - 18	6528.41	-4.61%
225	2008 - 9 - 18	11019.69	3.86%	2008 - 9 - 19	7110.77	8.92%
226	2008 - 9 - 19	11388.44	3.35%	2008 - 9 - 22	7654.08	7.64%
227	2008 - 9 - 22	11015.69	-3.27%	2008 - 9 - 23	7199.83	-5.93%
228	2008 - 9 - 23	10854.17	-1.47%	2008 - 9 - 24	6879.50	-4.45%
229	2008 - 9 - 24	10825.17	-0.27%	2008 - 9 - 25	7103.71	3.26%
230	2008 - 9 - 25	11022.06	1.82%	2008 - 9 - 26	7404.02	4.23%

3　数据处理

构造随机数对 (X, Y)。其中：X ——某交易日美国道琼斯工业指数涨跌幅度；Y ——后一交易日中国深圳成分指数涨跌幅度，则有观察数对，见下表：

表 3

序号	xi	yi
1	− 0.16%	− 0.57%
2	0.86%	0.86%
3	− 0.61%	− 0.35%
4	− 0.45%	0.39%
5	0.56%	− 1.36%
6	− 0.77%	0.29%
7	− 0.51%	0.96%
8	− 0.15%	− 0.44%
9	− 0.03%	− 2.44%
10	− 2.64%	− 1.32%
11	0.33%	− 0.93%
12	0.81%	1.88%
13	− 0.01%	− 0.20%
14	− 0.02%	− 3.47%
15	0.99%	3.57%
…	…	…
216	− 2.99%	− 1.17%
217	0.29%	− 0.28%
218	2.58%	− 3.45%
219	− 2.43%	− 0.64%
220	0.34%	0.92%
221	1.46%	− 2.65%
222	− 4.51%	0.71%
223	1.30%	− 0.94%
224	− 4.06%	− 4.61%
225	3.86%	8.92%
226	3.35%	7.64%
227	− 3.27%	− 5.93%
228	− 1.47%	− 4.45%
229	− 0.27%	3.26%
230	1.82%	4.23%

4 模型选择

相关系数计算公式为：

$$r = \frac{\sum_{i=1}^{n}(x_i - \bar{x})(y_i - \bar{y})}{\sqrt{\sum_{i=1}^{n}(x - \bar{x})^2}\sqrt{\sum_{i=1}^{n}(y - \bar{y})^2}}$$

其中：$\bar{x} = \sum_{i=1}^{n}x_i$，$\bar{y} = \sum_{i=1}^{n}y_i$。

经计算 $r = 0.19$，这表明：中国股市受美国股市的影响不明显。

5 作者观点

相关性分析是十分成熟的数学分析方法，在经济管理中有重要应用。经济现象之间是否具有关联性，通过计算二者的相关系数即可获得客观公正的答案。

思考与讨论

1. 计算结果表明中国股市受美国股市的影响不明显。请分析形成这种情况的原因。

2. 这样的计算结果对股票投资的指导意义如何？

3. 为什么不选择两市同一天的数据？如果选择两市同一天的交易数据，计算结果的含义是什么？

股市变化独立吗

徐维德　张明善

摘　要　随机游走是金融市场的基本规律。本案例选择深圳市场自 2007 年 10 月至 2008 年 10 月近 1 年的指数为基础数据，以前后两天指数涨跌幅构造二元随机变量，并进一步计算二者的相关系数。计算结果：$r = -0.07$，它表明：指数变化基本上是独立的，即是随机漫游态势。

关键词　深圳市场　随机游走　相关系数

1　案例背景

中国股市从 2006 年以来，单边大幅上扬，出现了历史上最大的一轮牛市行情。其间，这头猛牛一路凯歌高奏，不断创造新的历史纪录，并于 2007 年 10 月 16 日达到罕见的历史高位！当天上海市场收于 6092 点，盘中曾一度达到 6124 点。在短短一年多的时间里指数涨幅竟超过 4 倍！随后中国股市迎来了单边大幅下挫的血雨腥风。截至 2008 年 10 月 10 日，上海市场跌至 2000 点，在不到 1 年的时间里，跌幅达到 67％！其间，大量投资者被套，甚至一些短线高手为抄底抢反弹也深套其中，股市的无规律性较以往任何时候都让人刻骨铭心！

这种无规律性正是股票的随机游走。随机游走模型是资本市场上资产价格行为的第一个模型。该模型最早由法国经济学家提出——虽然他没有直接使用随机游走这一术语，但他发现资本市场的价格是不可预测的。但真正将其应用于股票市场的是罗伯茨和奥斯本，他们两人不同的研究得出了一致的结论：股价的波动符合物理学上的布朗运动，即遵循随机游走过程，在这个过程中股票价格变化可以等价于一个粒子在流体中的运动，数学表达式近似于高斯正态分布或对数正态分布。但是，从其提出之日开始，这种观点就受到广泛的质疑。也就是说，如果收益率不服从正态分布，那么价格变化服从随机游走模型也就难以成立了。理论争议归理论争议，实践却不断印证着这一论断。例如，20 世纪 80 年代华尔街著名的飞镖实验。该实验由美国投资理论界提出，由《华尔街日报》出面组织，历时数年。一方是当时华尔街最著名的股票分析家组成的若干专家组，另一方是一支飞镖。方法：在墙上贴上《华尔街日报》股票报价版，用飞镖随机投掷报纸，所击中股票即定为买入股票。然后持股至规定期限卖出。同时，根据分析师团队的分析结果买入股票，持股至规定期限卖出。然后比较两种方法所选择的股票产生的投资效益决定胜负。结果：飞镖法的投资效益始终以压倒优势战胜了华尔街股票分析家！

坚持资产价格作随机游走的观点认为，在一个有效的市场中，任何一个影响价格的信息都会迅速反映在价格中，这是该理论成立的基础。技术派试图通过一些图表、曲线以及量价关系发现资产价格的变化趋势，从而进行套利。如果随机游走理论成立，则他们所做的任何努力将毫无结果。为了提高投资的胜算，人们尝试新的途径，称为基本分析法，依据公布的基本面资料进行分析，例如行业分析法、财务分析法，包含公司自有现金流的折现法、资源重估法在内的绝对估值法，包括市盈率等的相对估值法，等等。目前各类投资机构的包装精美的专业分析报告就是这样一些产品，希望利用丰富的专业知识从市场中发现那些价格偏离价值的股票来进行投资，从而使投资业绩高于市场的一般收益水平。

由于有效性市场只是一种理想状况，目前人们一般认为在平衡市中股价波动呈随机状态，但在单边上扬或单边下跌过程中股价变化则存在较大的趋势性。

2007—2008 年中国 A 股出现了单边大幅下跌的情况。那么，在此番大跌中股价是否具有某种趋势性呢？通过计算股市相邻交易日的关联系数可以客观地回答这个问题。

2 数据选择

下表是深圳市场自 2007 年 10 月至 2008 年 10 月近 1 年的指数变化情况。

表1

交易时间	成分指数	涨跌幅度
2007 – 10 – 8	19287.605	
2007 – 10 – 9	19178.334	– 0.57%
2007 – 10 – 10	19342.381	0.86%
2007 – 10 – 11	19273.985	– 0.35%
2007 – 10 – 12	19348.462	0.39%
2007 – 10 – 15	19084.832	– 1.36%
2007 – 10 – 16	19139.928	0.29%
2007 – 10 – 17	19324.540	0.96%
2007 – 10 – 18	19240.471	– 0.44%
2007 – 10 – 19	18770.101	– 2.44%
…	…	…
2008 – 9 – 10	6982.120	– 0.64%
2008 – 9 – 11	7046.471	0.92%
2008 – 9 – 12	6859.646	– 2.65%
2008 – 9 – 16	6908.551	0.71%
2008 – 9 – 17	6843.819	– 0.94%
2008 – 9 – 18	6528.413	– 4.61%
2008 – 9 – 19	7110.771	8.92%
2008 – 9 – 22	7654.077	7.64%
2008 – 9 – 23	7199.827	– 5.93%
2008 – 9 – 24	6879.495	– 4.45%
2008 – 9 – 25	7103.714	3.26%
2008 – 9 – 26	7404.016	

3　数据处理

令 X——某交易日市场指数涨跌幅度，Y——相邻的后一交易日市场指数涨跌幅度，则有观察数对，见下表：

表2

序号	xi	yi
1	− 0. 57%	0. 86%
2	0. 86%	− 0. 35%
3	− 0. 35%	0. 39%
4	0. 39%	− 1. 36%
5	− 1. 36%	0. 29%
6	0. 29%	0. 96%
7	0. 96%	− 0. 44%
8	− 0. 44%	− 2. 44%
9	− 2. 44%	− 1. 32%
10	− 1. 32%	− 0. 93%
…	…	…
231	− 0. 64%	0. 92%
232	0. 92%	− 2. 65%
233	− 2. 65%	0. 71%
234	0. 71%	− 0. 94%
235	− 0. 94%	− 4. 61%
236	− 4. 61%	8. 92%
237	8. 92%	7. 64%
238	7. 64%	− 5. 93%
239	− 5. 93%	− 4. 45%
240	− 4. 45%	3. 26%
241	3. 26%	4. 23%

4　模型选择

相关系数计算公式为：

$$r = \frac{\sum_{i=1}^{n} (x_i - \bar{x})(y_i - \bar{y})}{\sqrt{\sum_{i=1}^{n} (x - \bar{x})^2} \sqrt{\sum_{i=1}^{n} (y - \bar{y})^2}}$$

经计算 $r = -0.07$ 。这表明，指数的变化几乎是随机进行，略显负相关。

5　个股验证

指数走势如此，那么个股走势又如何呢？以武钢股份为例，下表是该股 2007 年 10 月至 2008 年 10 月近 1 年的价格变化情况。

表 3

序号	时间	收盘价（元）
1	2007 - 10 - 8	17. 16
2	2007 - 10 - 9	17. 3
3	2007 - 10 - 10	17. 91
4	2007 - 10 - 11	17. 95
5	2007 - 10 - 12	18. 37
6	2007 - 10 - 15	20
7	2007 - 10 - 16	19. 7
8	2007 - 10 - 17	19. 18
9	2007 - 10 - 18	17. 81
10	2007 - 10 - 19	17. 66
11	2007 - 10 - 22	16. 76
12	2007 - 10 - 23	17. 4
13	2007 - 10 - 24	17. 24
14	2007 - 10 - 25	15. 99
15	2007 - 10 - 26	16. 22
…	…	…
227	2008 - 9 - 5	6. 94
228	2008 - 9 - 8	6. 68
229	2008 - 9 - 9	6. 88
230	2008 - 9 - 10	7. 02
231	2008 - 9 - 11	6. 87
232	2008 - 9 - 12	7. 1
233	2008 - 9 - 16	7. 11
234	2008 - 9 - 17	6. 76
235	2008 - 9 - 18	6. 27
236	2008 - 9 - 19	6. 9
237	2008 - 9 - 22	7. 15
238	2008 - 9 - 23	6. 74
239	2008 - 9 - 24	6. 91
240	2008 - 9 - 25	7. 4
241	2008 - 9 - 26	7. 53

计算结果表明，前后两个交易日的相关系数为0.12。

如果市场是随机漫步的，投资前景充满了不确定性，那么专业资产管理机构的出路又在哪里呢？

6 作者观点

随机游走是金融市场的基本规律，这已被理论界和投资实践所证实。然而，绝大部分投资者都自信能把握某只股票的趋势，其结果是成功者少，失败者多。"股神"仅仅是一个小概率事件而已！

思考与讨论

1. 上式计算结果应如何解释？其对股票投资的指导意义如何？
2. 形成这种现象的原因是什么？
3. 选择一只股票，分析其价格变化规律。

香港股市与内地股市的相关性

张明善　徐维德

摘　要　有许多证据支持香港股市与内地股市存在较大的相关性。事实究竟如何呢？本案例选择了 2007 年 10 月至 2008 年 10 月近 1 年间香港恒生指数和深圳成分指数为基础数据，通过计算二者的相关系数客观地回答了这个问题。计算表明：内地股市与香港股市的关联性小于中美股市的关联性。

关键词　大陆股市　香港股市　相关系数

1　案例背景

从目前数据看，中国股市与美国股市的相关性不强。市场主流观点认为，出现这种情况的根本原因是中国经济与美国经济相比具有自身的特点，两个经济体具有相对独立性，至少现在如此。他们进一步认为，香港股市与内地股市存在较大的相关性。

内地股市与香港股市存在较大相关性的观点，主要基于以下理由：

（1）香港地区与中国内地相邻，无时差影响。

（2）香港地区与中国内地的外贸依存度大。

内地与香港贸易在中国对外贸易中占有非常重要的地位，多年来占整个出口的比例一直呈上升的趋势。早在 1993 年，包括转口贸易在内，对香港出口占整个出口的 40.03%。内地从香港的进口占全部进口的 26%。1994 年，不包括转口贸易，大陆对港贸易占进出口总量的 17.7%，其中，对港出口占全部出口的 26.7%，从港进口占全部进口的 8.17%。影响内地与香港贸易持续增加的因素是多方面的。其中，根本原因在于香港与内地特殊的政治关系以及香港在内地进出口贸易中独特的地理位置、香港与内地经济之间的互补性等。下表是近几年内地与香港贸易的相关数据。

表1

年份	对香港出口	较上年增长	对香港进口	较上年增长
2007	1844	18.8	128	18.9
2006	1554	24.8	108	−11.8
2005	1245	23.4	122	3.6
2004	1009	32.3	118	6.1
2003	763	30.5	111	3.7
2002	585	25.6	107	13.8
2001	465	4.6	94	0
2000	445		94	

资料来源:《中国统计年鉴》2000—2007年。

商务部台港澳司的统计进一步显示,2008年内地与香港贸易额达2036.7亿美元,同比上升3.3%;其中,内地对香港出口1907.4亿美元,同比上升3.4%;自香港进口129.2亿美元,同比上升0.9%。香港是内地第五大贸易伙伴、第三大出口市场。据统计,2008年全年,内地共批准港商投资项目12857个,实际使用港资金额410.4亿美元,同比增加48.1%。截至2008年12月底,内地累计批准港资项目298620个,累计吸收香港直接投资3495.7亿美元。按实际使用外资统计,港资在大陆累计吸收境外投资中占40.9%,排在第一位。

(3)另外,内地有多家公司在香港上市或发行H股。

2005年香港股市新股发行募集的资金,有80%投向了内地公司。H股和内地背景境外注册的红筹股公司占香港市场市值的比例,已经从28%上升到37%。如果按照成交量计算,这些公司已经占到香港股市总量的43%,而且这一趋势还在不断地发展。2006年后,中国银行、招商银行等公司先后在香港上市。目前,在香港上市或发行H股的中国大陆公司已超过50家,中国股票在香港市场所占的份额继续扩大。

基于上述三个原因,人们完全有理由认为,香港股市与内地股市应该具有更大的关联性。

但是,相反的观点则认为,香港股市与内地股市关联性较弱。这种观点的理由很简单:人们在买卖股票时最多的是参考前一天美国股市的变化,极少有人去关心同时交易的港股!事实的真相到底是什么呢?同样,通过计算两市的相关性就能较好地回答这个问题。

2　数据选择

选择 2007 年 10 月至 2008 年 10 月近 1 年间香港恒生指数和深圳成分指数为基础数据，见下表。

表 2

序号	香港时间	香港恒指	涨跌	深圳成指	涨跌
1	2007 - 10 - 9	28228.04	1.65%	19178.334	- 0.57%
2	2007 - 10 - 10	28569.33	1.21%	19342.381	0.86%
3	2007 - 10 - 11	29133.02	1.97%	19273.985	- 0.35%
4	2007 - 10 - 12	28838.37	- 1.01%	19348.462	0.39%
5	2007 - 10 - 15	29540.78	2.44%	19084.832	- 1.36%
6	2007 - 10 - 16	28954.55	- 1.98%	19139.928	0.29%
7	2007 - 10 - 17	29298.71	1.19%	19324.54	0.96%
8	2007 - 10 - 18	29465.05	0.57%	19240.471	- 0.44%
9	2007 - 10 - 19	29465.05	0.00%	18770.101	- 2.44%
10	2007 - 10 - 22	28373.63	- 3.70%	18522.395	- 1.32%
11	2007 - 10 - 23	29376.86	3.54%	18350.936	- 0.93%
12	2007 - 10 - 24	29333.53	- 0.15%	18696.392	1.88%
13	2007 - 10 - 25	29854.49	1.78%	18659.298	- 0.20%
14	2007 - 10 - 26	30405.22	1.84%	18011.482	- 3.47%
15	2007 - 10 - 29	31586.9	3.89%	18654.542	3.57%
…	…	…	…	…	…
222	2008 - 9 - 5	19933.28	- 2.24%	7299.371	- 1.17%
223	2008 - 9 - 8	20794.27	4.32%	7278.666	- 0.28%
224	2008 - 9 - 9	20491.11	- 1.46%	7027.274	- 3.45%
225	2008 - 9 - 10	19999.78	- 2.40%	6982.12	- 0.64%
226	2008 - 9 - 11	19388.72	- 3.06%	7046.471	0.92%
227	2008 - 9 - 12	19352.9	- 0.18%	6859.646	- 2.65%
228	2008 - 9 - 16	18300.61	- 5.44%	6908.551	0.71%
229	2008 - 9 - 17	17637.19	- 3.63%	6843.819	- 0.94%
230	2008 - 9 - 18	17632.46	- 0.03%	6528.413	- 4.61%

序号	香港时间	香港恒指	涨跌	深圳成指	涨跌
231	2008 - 9 - 19	19327.73	9.61%	7110.771	8.92%
232	2008 - 9 - 22	19632.2	1.58%	7654.077	7.64%
233	2008 - 9 - 23	18872.85	- 3.87%	7199.827	- 5.93%
234	2008 - 9 - 24	18961.99	0.47%	6879.495	- 4.45%
235	2008 - 9 - 25	18934.43	- 0.15%	7103.714	3.26%
236	2008 - 9 - 26	18682.09	- 1.33%	7404.016	4.23%

3 数据处理

构造相似的随机数对 (X, Y)。其中：X ——某交易日香港恒生指数涨跌幅度；Y ——同一交易日深圳成分指数涨跌幅度，则有观察数对，见下表。

表 3

序号	xi	yi
1	1.65%	- 0.57%
2	1.21%	0.86%
3	1.97%	- 0.35%
4	- 1.01%	0.39%
5	2.44%	- 1.36%
6	- 1.98%	0.29%
7	1.19%	0.96%
8	0.57%	- 0.44%
9	0.00%	- 2.44%
10	- 3.70%	- 1.32%
11	3.54%	- 0.93%
12	- 0.15%	1.88%
13	1.78%	- 0.20%
14	1.84%	- 3.47%
15	3.89%	3.57%
...	...	...

续表

序号	xi	yi
222	-2.24%	-1.17%
223	4.32%	-0.28%
224	-1.46%	-3.45%
225	-2.40%	-0.64%
226	-3.06%	0.92%
227	-0.18%	-2.65%
228	-5.44%	0.71%
229	-3.63%	-0.94%
230	-0.03%	-4.61%
231	9.61%	8.92%
232	1.58%	7.64%
233	-3.87%	-5.93%
234	0.47%	-4.45%
235	-0.15%	3.26%
236	-1.33%	4.23%

4　模型选择

相关系数计算公式为：

$$r = \frac{\sum_{i=1}^{n}(x_i - \bar{x})(y_i - \bar{y})}{\sqrt{\sum_{i=1}^{n}(x - \bar{x})^2}\sqrt{\sum_{i=1}^{n}(y - \bar{y})^2}}$$

其中：$\bar{x} = \sum_{i=1}^{n}x_i$，$\bar{y} = \sum_{i=1}^{n}y_i$。

经计算 $r = 0.05$，这表明大陆股市受香港股市的影响很小。

5　作者观点

在定性分析中，人们通常列举出各种理由，并进而作出结论。然而，这种结论的正确性常常受到怀疑，这种现象已屡见不鲜。只有进行科学的量化分析，才可能得出正确的结论。

思考与讨论

1. 中美股市的相关系数 $r = 0.19$，而香港股市与内地股市的相关系数 $r = 0.05$，这两个数据的显著差异说明了什么问题？这与实际情况一致吗？

2. 解释形成这种差异的原因。

3. 请分析中国 A 股市场中，某板块指数与该板块内个股的相关性。

中国钢铁行业前景分析

徐维德 张明善

摘 要 钢铁行业是我国的支柱产业，钢铁行业的发展与我国经济发展具有十分密切的关系。本案例选择了近7年的国民经济统计数据，通过回归方法揭示出钢产量与国民经济收入呈高度线性关系，相关系数高达0.9982！为投资者进行类似的行业分析提供了科学的借鉴方法。

关键词 钢铁行业 国民收入 线性回归

1 案例背景

近几年，中国钢铁工业得到了飞速发展。从全球范围看，目前的中国是全球最大的钢铁生产国和最大的钢铁消费国。我国钢产量自1996年首次超过1亿吨大关、并跃居全球第一位以后，一直稳居全球第一位的宝座。钢材消费方面，亚洲、欧盟、北美为全球钢材消费的主要地区。我国钢材表观消费量自2001年达到1.60亿吨，首次超过美国之后，一直保持全球第一大钢铁消费国地位。2006年我国粗钢表观消费量3.84亿吨，占全球消费总量的30.98%。从国内情况看，由于中国经济的持续稳定发展，国内钢材价格一路上扬，在2008年6月创下历史最高纪录。当时，国内主要城市钢材价格达到6000元/吨！各钢铁企业赚了个盆满钵满！其后，钢价开始转拐，一路下跌。2008年国庆节后的第一周更是出现了单周下跌20%的最大周跌幅！分析其主要原因，是不断恶化的国际金融危机和不断上升的原材料价格。

2007年美国次贷危机全面爆发，并迅速蔓延为全球性金融危机。随着危机逐步向实体经济层面传导，全球经济进入严重衰退阶段。进入2008年，我国钢材出口大幅回落。据海关统计，2008年11月我国出口钢材295万吨，比10月减少167万吨，与上年11月相比下降28.05%。1—11月累计出口5606万吨，同比下降3.1%。同时，由于国内建筑、家电、汽车三大钢铁主要需求行业萎缩，国内钢材需求大幅下降，钢铁企业进入凄风苦雨的寒冷冬夜！据中国钢铁工业协会的统计数据显示，2008年10月，71家大中型钢厂亏损58.35亿元。其中，有42家企业出现亏损，亏损面达到59.15%。这也是本轮经济周期以来，中国钢铁业首次出现月度亏损。同时，71家钢厂累计存货达到4746.36亿元，同比增长50.33%。其中，产成品库存达到1268亿元，同比增长45.3%。进入11月份，情况进一步恶化。据对全国30个省（区、市）主要钢材市场监测，11月钢材价格再次大幅下挫，主要钢材品种综合平均价格为4395元/吨，比上月下降14.91%，比上年同期下降4.77%。行业亏损额增至127亿元。进入12月份，情况加速恶化。中钢协统计数据显示2008年12月，71家大中型钢厂亏损额291亿元，与11月环比上升129%。71家钢厂中亏损面达到62%，44家亏损企业的亏损额达到305亿元，环比上升118%。其中，出现10亿元以上亏损的企业有多家，且多数为大企业。部分企业毛利率已降至–10%以下。

为渡过危机，国内主要钢铁企业纷纷限产保价，中小企业大多停产歇业。在此情况下，钢铁类上市公司的股价出现大幅下跌，市场普遍不看好钢铁行业。但是，仍然有少数投资人坚信钢铁行业的投资价值。他们认为，与西方发达国家不同，中国是一个发展中大国，不论是城市化的进一步发展，还是汽车消费的推广与升级换代，都需要大量的钢铁，甚至三农问题的解决也离不开钢铁，并且这种状况在短期内不会改变。因此，中国的钢铁企业有很大的发展空间。

为了揭示钢铁行业的投资价值，有必要分析测定钢铁在国民经济中的作用。

2　数据选择

选择近7年的国民经济统计数据，见下表。

表 1

年份	GDP（亿元）	钢产量（万吨）
2001	95933	15266
2002	102398	18155
2003	116694	22234
2004	136515	27280
2005	182321	35239
2006	209407	42266
2007	246619	48966

资料来源：《中国统计年鉴》2001—2007 年。

3　数据分析

对上述数据进行线性回归发现，钢材需求量与 GDP 之间存在高度依存关系，见下图。

钢铁产量与GDP的关系

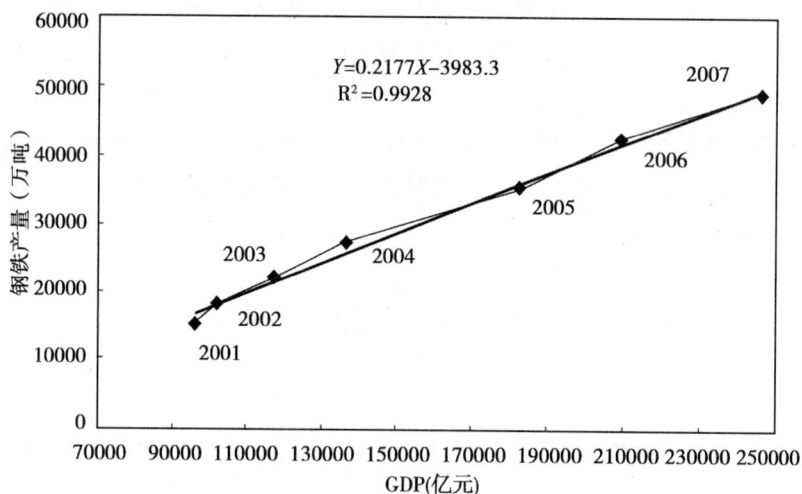

图 1

线性回归方程为：

$$Y = 0.2177X - 3983.3$$

其中：X ——国民收入（亿元）；

Y——钢产量（万吨）。

相关性为：$R^2 = 0.9928$。

下表进一步列出了实际值与回归值的对比情况。

表 2

年份	GDP	实际钢产量	产量回归值	偏离值
2001	95933	15266	16901	10.71%
2002	102398	18155	18308	0.85%
2003	116694	22234	21421	−3.66%
2004	136515	27280	25736	−5.66%
2005	182321	35239	35708	1.33%
2006	209407	42266	41604	−1.57%
2007	246619	48966	49705	1.51%

4 市场反映

这些分析揭示了我国钢材产量与经济发展的密切关系。只要我国经济总体向好的基本面没有改变，钢铁行业就存在巨大的社会需求。在当前经济危机不断蔓延的环境下，如果政府要保持经济增长，则必须千方百计拉动钢材需求。

2008 年 11 月中国政府推出了 4 万亿元人民币的经济刺激计划，即：在未来两年时间内投资 4 万亿元进行大规模基础设施建设，包括铁路、高速公路、机场、水利工程等重大基础设施项目。这些基础设施项目将产生巨大的钢铁需求，从而为钢铁企业带来新的发展机遇。不久，政府钢铁振兴计划也开始酝酿。《规划》将通过相关产业的调整与振兴努力稳定和扩大国内钢铁需求。这些行业包括汽车、造船、装备等制造业以及房地产（含保障性住房）、新农村建设、重大基础设施建设（含公路、铁路、机场等）、地震灾后重建等，稳定建筑用钢占国内消费比重在 50% 以上；同时将积极组织协会和企业，应对反倾销、反补贴等贸易摩擦，争取良好的国际贸易环境，将 2009 年钢材直接出口量和间接出口量维持在 7000 万吨以上。另外，《规划》将鼓励钢铁行业通过联合重组，淘汰落后产能，形成几个具有国际影响的大型钢铁企业。各种利好因素开始显现，钢价出现止跌企稳的态势。

5　作者观点

线性回归是十分成熟的数学分析方法，在经济管理中具有十分重要的应用，常用于揭示经济变量之间的函数关系。相关系数越高，函数关系越明显，据此做出的决策成功概率越大。

值得注意的是：只有当经济变量之间确实存在某种内在关系时，我们才对其进行回归分析，揭示出这种内在关系。否则，会得出根本不存在的关系。

思考与讨论

1. 阐述线性回归方程：$Y = 0.2177X - 3983.3$ 中，各系数的经济学含义。

2. 相关性指标 $R^2 = 0.9928$ 的含义是什么？分析出现这种情况的原因。

3. 如果中国经济增长方式发生根本转变，上述回归方程是否仍然适用？阐述你的理由。

4. 请用回归方法确定我国石油消费与 GDP 的关系。

钢铁行业的简易 PIMS 分析

张明善　徐维德

摘　要　本案例选择了我国钢铁行业上市公司中具有可比性的 28 家企业作为分析样本，进行了简易的 PIMS 分析。即分析销售收入、总资产、总资产周转率、资产负债率、流动比率等指标对企业经济效益的影响。这对读者了解 PIMS 方法的原理、方法有重要启示。

关键词　钢铁行业　PIMS 分析

1　案例背景

2007 年钢铁行业获得了巨大的发展，利润水平居各行业前列。良好局面的出现既受益于宏观大环境，也与企业自身的经营战略密不可分。近几年，随着我国经济的持续稳定发展，钢材需求持续增加，价格不断攀升，钢铁企业进入难得的高速发展时期，各年产量大幅增加（见下表）。

表1

年　份	钢铁产量（单位：万吨）	增幅（%）
2001	15266	
2002	18155	18.92
2003	22234	22.47
2004	27280	22.69
2005	35239	29.18
2006	42266	19.94
2007	48966	15.85

资料来源：《中国统计年鉴》2001—2007 年。

面对同样优越的外部环境，各企业的赢利水平存在显著差异，这主要反映在 2007 年的年报上。这种差异性主要取决于企业自身的特点和市场战略，如企业规模、市场占有率、研发投入等。在钢铁行业中，规模效应明显。因此，目前多数企业的战略任务之一就是通过兼并重组壮大企业规模。近几年来，世界范围内的钢铁企业重组并购狂潮一浪高过一浪。2006年，世界排名第一位的米塔尔和排名第二位的阿赛洛竟然合并，诞生了第一个产量超亿吨、占世界产量 10%、在全球 60 多个国家拥有 32 万名员工的巨型钢铁集团，让业内外人士瞠目结舌！从国内情况看，中国钢铁企业重组也风起云涌。从 2005 年开始，武钢收购鄂钢、柳钢；承钢、邯钢和唐钢组建河北钢铁集团；鞍钢与本钢合并成立鞍本钢铁集团，莱钢和济钢成立山东钢铁集团。按照 2005 年颁布的《钢铁产业发展政策》，到 2010 年，我国将计划形成两个 3000 万吨级、具有国际竞争力的特大型企业集团。市场占有率高低也是影响企业赢利水平的重要因素。国外的实证研究表明，较高的市场占有率会带来较高的收益。在我国钢铁类上市公司中，市场占有率高的企业，如宝钢、武钢等，业绩不错。但也同时存在市场占有率不高，业绩却十分突出的企业，如济南钢铁和南钢股份。

为了揭示企业赢利能力与企业战略之间的关系，有必要对我国钢铁类上市公司作一次简易的 PIMS 分析。

2　PIMS 内容

PIMS 是英文 Profit Impact of Market Strategies 的缩写，PIMS 分析又称战略与绩效分析，也叫 PIMS 数据库分析方法，其含义为市场战略对利润的影响。

PIMS 研究最早于 1960 年在美国通用电气公司内部开展，主要目的是找出市场占有率的高低对一个经营单位的业绩到底有何影响。以通用电气公司各个经营单位的一些情况作为数据来源，经过几年的研究和验证，研究人员建立了一个回归模型。该模型能够辨别出与投资收益率密切相关的一些因素，而且这些因素能够较强地解释投资收益率的变化。

现在，PIMS 研究的主要目的是发现市场法则，即要寻找出在什么样的竞争环境中，经营单位采取什么样的经营战略会产出怎样的经济效果。

3 数据选择

为简化分析，企业赢利能力选取净资产收益率，企业自身因素主要选取五个指标：销售收入——与市场占有率功能相似，一般来讲，与企业效益有正相关关系；总资产——由于规模效应的存在，该指标与收益率应存在正相关关系；总资产周转率——反映总资产的使用效率，该指标与收益率应存在正相关关系；资产负债率——该指标既反映企业的风险状况，也反映企业的融资能力；流动比率——该指标反映了企业的偿债能力，流动比率过大会造成大量的资金占用。

通过对上市钢铁企业的综合分析，选择其中具有可比性的 28 家企业作为分析样本，结果见下表。

表 2

序号	企业名称	销售收入（亿元）	总资产（亿元）	总资产周转率（%）	资产负债率（%）	流动比率（%）	收益率（%）
1	济南钢铁	336.13	172.63	2.03	67.57	0.84	24.94
2	武钢股份	541.60	649.47	0.96	60.24	0.59	25.29
3	三钢闽光	113.50	64.43	2.04	58.22	1.14	18.44
4	莱钢股份	329.26	173.98	2.03	64.04	1.07	18.28
5	宝钢股份	1912.73	2020.08	1.08	49.77	1.01	14.37
6	重庆钢铁	120.58	109.59	1.22	52.37	1.23	8.61
7	南钢股份	220.05	109.03	2.17	60.25	1.13	23.79
8	马钢股份	506.45	711.26	0.80	67.00	0.91	10.76
9	杭钢股份	162.81	88.63	1.88	56.39	1.05	10.17
10	新钢股份	76.03	164.46	0.85	57.48	1.00	3.61
11	本钢板材	313.52	293.56	1.11	42.97	1.16	10.15
12	华菱钢铁	438.44	484.22	1.01	62.16	0.89	10.81
13	安阳钢铁	256.72	233.14	1.44	65.28	0.92	14.57
14	韶钢松山	149.61	168.38	1.02	56.02	1.02	11.17
15	邯郸钢铁	261.12	256.23	1.05	53.02	1.34	7.99
16	酒钢宏兴	223.19	95.89	2.59	49.79	1.11	16.34

续表

序号	企业名称	销售收入（亿元）	总资产（亿元）	总资产周转率（%）	资产负债率（%）	流动比率（%）	收益率（%）
17	凌钢股份	72.54	37.30	2.05	20.17	3.36	14.19
18	包钢股份	267.73	336.26	1.13	58.14	0.75	12.41
19	新兴铸管	142.58	115.33	1.30	48.92	1.37	12.24
20	首钢股份	273.21	182.21	1.55	55.91	1.12	8.04
21	恒星科技	7.87	10.03	1.00	36.02	1.63	13.34
22	贵绳股份	10.43	12.65	0.88	38.32	2.22	5.87
23	成霖股份	17.68	13.58	1.40	35.89	2.55	7.43
24	柳钢股份	207.06	137.65	1.85	63.52	1.12	19.89
25	广钢股份	59.32	44.55	1.30	65.66	1.04	2.48
26	大连金牛	34.75	36.79	0.94	68.46	0.64	2.25
27	法尔胜	22.30	37.19	0.59	65.19	0.91	1.56
28	宁夏恒力	10.31	13.23	0.81	63.10	0.85	1.09

4　数据分析

线性回归方程为：

$$Y = -0.02X_1 + 0.02X_2 + 11.16X_3 - 0.1X_4 - 3.57X_5 + 5.59$$

其中：Y——企业收益率（%）；

　　　X_1——企业销售收入（亿元）；

　　　X_2——企业总资产（亿元）；

　　　X_3——总资产周转率（%）；

　　　X_4——资产负债率（%）；

　　　X_5——流动比率（%）。

相关性为 $R^2 = 0.53$。该参数表明企业收益率与销售收入、总资产、总资产周转率、资产负债率、流动比率等指标存在一定的联系，该回归方程反映了这种联系。

从回归方程可以看出，销售收入对净资产收益率的贡献率为 -0.02，即销售收入增加 1 亿元，净资产收益率反而下降 0.02%。这表明，我国钢铁行业营销成本不具有规模效应。

事实上，上述回归结果并不能完全反映企业赢利与企业战略之间的关系。因为反映企业战略的主要指标，如研发强度（研发投资与销售收入之比）、广告强度（广告投入与销售收入之比）等未出现在模型中，这是因为企业公开信息中无此内容。同时，反映企业外部环境和自身状况的重要指标，如行业发展速度、行业利润率、通货膨胀率、人员素质、生产效率、纵向一体化程度、组织效能等指标也未出现在模型中。如果这些指标都出现在模型中，则回归方程更能揭示企业收益的形成机制。正是因为这个原因，目前美国的 PIMS 数据库样本十分巨大，涉及 2000 多个经营单位 4—8 年的信息资料，而每一经营单位包含的信息条目达 100 多项。信息全面、样本巨大是 PIMS 分析成功的基础。

5　作者观点

PIMS 分析在企业战略管理中具有重要意义，它通过大量的数据分析，揭示社会平均技术条件下和平均管理水平下各战略措施对企业效益的影响。认识各项措施的边际效应并正确应用有助于企业获取平均利润。但是，要获取超额利润，必须具备先进的技术水平和高超的管理能力。

思考与讨论

1. 分析上述回归方程中各参数的经济含义是否与实际情况相吻合。
2. 说明回归方程揭示的规模经济是否明显。
3. 为更好揭示企业收益的形成机制，你怎样进行可行的 PIMS 分析？

宝钢的波斯顿矩阵

徐维德　张明善

摘　要　宝钢是我国钢铁行业的龙头企业，本案例介绍了宝钢战略选择中波斯顿矩阵法的应用。结果表明：宝钢的钢铁业务在波斯顿矩阵中处于明星象限，即高市场增长率和高市场占有率。因此，该业务为重点发展方向。案例有助于读者了解波斯顿矩阵在企业战略选择中的具体应用。

关键词　波斯顿矩阵　宝钢

1　宝钢简介

宝山钢铁股份有限公司（简称宝钢股份）以其诚信、人才、创新、管理、技术诸方面的综合优势，奠定了在国际钢铁市场上世界级钢铁联合企业的地位。《世界钢铁业指南》评定宝钢股份在世界钢铁行业的综合竞争力为前三名，认为也是未来最具发展潜力的钢铁企业。

公司是由上海宝钢集团公司独家发起设立的股份有限公司，于2000年在上海交易所上市。宝钢集团有限公司为控股股东，持股比例为73.97%。上海宝钢集团公司的前身为宝山钢铁（集团）公司，由上海宝山钢铁总厂于1993年更名而来；1998年11月17日，宝山钢铁（集团）公司吸收合并上海冶金控股（集团）公司和上海梅山（集团）有限公司，并更名为上海宝钢集团公司。

宝钢股份专业生产高技术含量、高附加值的钢铁产品。年产钢能力3000万吨左右，产品实物质量堪与国际同类产品相比，赢利水平居世界领先地位。在汽车用钢、造船用钢、油气开采和输送用钢、家电用钢、电工器材用钢、锅炉和压力容器用钢、食品饮料等包装用钢、金属制品用钢、不锈钢、特种材料用钢以及高等级建筑用钢等领域，宝钢股份在成为中国市场主要钢材供应商的同时，产品出口日本、韩国、欧美40多个国家和地区。公司全部装备技术建立在当代钢铁冶炼、冷热加工、液压传感、电子控制、计算机和信息通信等先进技术的基础上，具有大型化、连续化、自动化的特点。通过引进并对其不断进行技术改造，保持着世界最先进的技术水平。

除钢铁主业外，近年来，宝钢战略性相关业务重点围绕钢铁供应链、技术链、资源利用链，加大内外部资源的整合力度，提高竞争力，提高行业地位，已初步形成了六大板块的业务结构：钢铁主业、资源开发业、钢材延伸加工业、技术服务业、金融业、生产服务业。

公司采用国际先进的质量管理，主要产品均获得国际权威机构认可。通过 BSI 英国标准协会 ISO9001 认证和复审，获美国 API 会标、日本 JIS 认可证书，通过了通用、福特、克莱斯勒世界三大著名汽车厂的 QS9000 贯标认证，得到中国、法国、美国、英国、德国、挪威、意大利七国船级社认可。公司具有雄厚的研发实力，从事新技术、新产品、新工艺、新装备的开发研制，为公司积聚了不竭的发展动力。公司重视环境保护，追求可持续发展，在中国冶金行业第一家通过 ISO14001 环境贯标认证，堪称世界上最美丽的钢铁企业。

公司以"成为全球重要的钢铁制造商，致力于向社会提供超值的产品和服务"为使命，以"诚信、合作、创新、追求企业价值最大化"为核心价值观，以"成为全球最具竞争力的钢铁企业"为战略目标，实行以规模和技术为基石，发展循环经济，走新型工业化道路和坚持管理创新，提升软实力，增强核心竞争能力为重大战略举措的跨越式发展战略。

2007 年，公司主营业务收入 1912.7 亿元，总资产达 2020 亿元，在我国钢铁行业中具有无可争议的霸主地位，已连续多年代表中国钢铁企业与世界铁矿石供应商进行谈判。公司赢利丰厚，并积极回馈投资者，受到投资者普遍尊重。

2 波斯顿矩阵分析

2.1 行业发展速度

改革开放以来，我国经济出现持续稳定发展的良好局面，钢材需求持续增加，价格不断攀升，钢铁企业进入难得的高速发展时期，各年产量大幅度增加，见表1。

表1

年份	钢铁产量（万吨）	增幅（%）
2001	15266	
2002	18155	18.92
2003	22234	22.47
2004	27280	22.69
2005	35239	29.18
2006	42266	19.94
2007	48966	15.85

资料来源：《中国统计年鉴》2001—2007 年。

$$行业发展速度 = \frac{本年度行业产量 - 上年度行业产量}{上年度行业产量}$$

$$= \frac{48966(2007) - 42266(2006)}{42266(2006)}$$

$$= 15.85\%$$

事实上，自 2001 年到 2007 年，我国钢铁产量年平均增长速度为 21.4%，以 10% 的标准衡量，我国钢铁业属高速发展行业。从长期来看，与西方发达国家不同，中国是一个发展中大国，不论是城市化的进一步发展，还是汽车消费的推广与升级换代，都需要大量的钢铁，甚至三农问题的解决也离不开钢铁，并且这种状况在短期内不会改变。因此，中国的钢铁行业具有很大的发展空间。

2.2　市场占有率分析

近几年，宝钢作为中国钢铁的龙头企业，市场份额一直遥遥领先。以 2007 年为例，宝钢的市场占有率远超其竞争对手，见表2。

表2

公司名称	销售收入（万元）	收入排名
宝钢股份	19127349	1
鞍钢股份	6549900	2
武钢股份	5415963	3
马钢股份	5064539	4

公司名称	销售收入（万元）	收入排名
华菱钢铁	4384396	5
唐钢股份	4179233	6
济南钢铁	3361273	7
莱钢股份	3292615	8
本钢板材	3135159	9
首钢股份	2732108	10
包钢股份	2677295	11
邯郸钢铁	2611248	12
安阳钢铁	2567159	13
酒钢宏兴	2231931	14
南钢股份	2200465	15
柳钢股份	2070637	16
杭钢股份	1628101	17
新钢股份	760325	18

资料来源：2007 年各公司年报。

$$相对市场占有率 = \frac{经营单位的销售额或量(当期宝钢业务)}{主要竞争对手的销售额或量(当期鞍钢业务)}$$

$$= \frac{19127349}{6549900}$$

$$= 2.92\%$$

如果按 1.5 的标准考察，宝钢相对于任何一个竞争对手来说都具有绝对的竞争优势。

2.3 业务的圆形面积

2007 年，宝钢各业务销售收入情况如下表：

表 3

项目	销售收入（万元）
钢铁	15018500
贸易	15611200
其他（行业）	914800
抵消（行业）	− 12325100
合计	19219400

资料来源：宝钢 2007 年年报。

$$业务的圆形面积 = \frac{钢铁业务销售收入(2007)}{销售总额(2007)}$$

$$= \frac{15018500}{19219400}$$

$$= 0.78$$

2.4　宝钢的波斯顿矩阵

由以上分析，宝钢的波斯顿矩阵为：

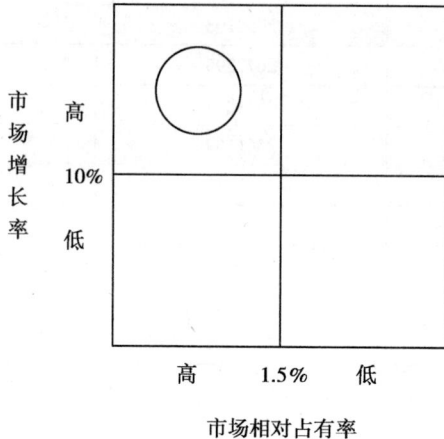

市场相对占有率

3　作者观点

波斯顿矩阵是企业进行战略选择时常用的传统经典方法，因其简单、实用受到企业广泛关注。但是，正因为其简单，因此受到多数人士的批评。其中核心问题是：市场增长率和相对市场占有率无法反映企业复杂的内外环境。

思考与讨论

1. 根据上述资料，你认为宝钢应作何种战略选择？

2. 在西方，钢铁行业属夕阳产业，然而在中国却有很高的市场增长率。试分析中国钢铁行业未来的发展趋势。